JN300893

みんな、何を食べている？

世界の食事おもしろ図鑑

食べて、歩いて、見た食文化

PHP

まえがき 「食べる」ってどういうことなのだろう

暑いところ、寒いところ。
しめったところ、かわいたところ。
海のそば、山の中。
世界中の様々なところに、ヒトは住んでいます。
いろいろなものを食べています。
ヒトはどんなものを食べているのだろう。
なぜ、ヒトはそんなものを食べているのだろう。
どうして、ヒトは食べるのだろう。
「食べる」ってどういうことなのだろう。
多分、めずらしいものが好きで、おいしいものが好きだったからかもしれないけど、そんな疑問にとりつかれ、私は、世界中の「食」を見て、食べて、写真をとってきました。
この本では、そんな写真をもとに、みなさんといっしょに、「食」を考えてみたいと思っています。
さて、ヒトは何を食べているのでしょう。
なぜ、そんなものを食べるのでしょう？

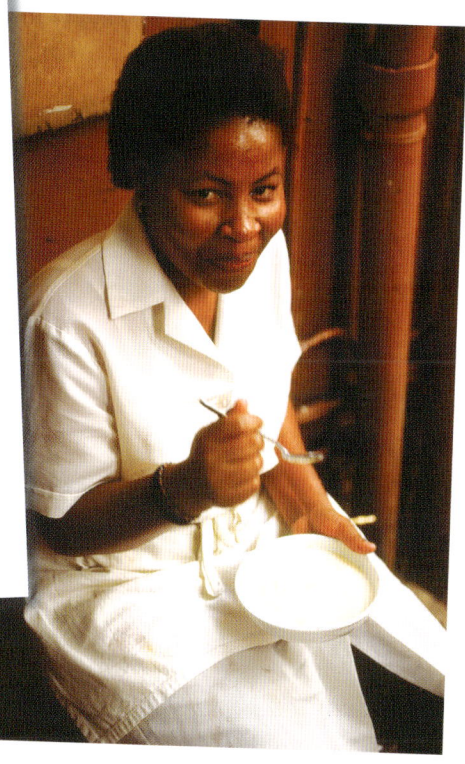

世界の食事おもしろ図鑑 もくじ

まえがき 「食べる」ってどういうことなのだろう ……… 2
この本の使い方 …………………………………………… 6

1章 世界の人々の暮らしから

米の話①	皮も、麺も米 ……………………………………… 8
米の話②	ご飯は手で食べる？ ……………………………… 10
米の話③	モチ米にもいろいろある ………………………… 12
中国の小麦の話①	北麺南米（北の麺と南の米）…………………… 14
中国の小麦の話②	麺の作り方もいろいろ …………………………… 16
世界のパンいろいろ①	トルコの「サバサンド」………………………… 18
世界のパンいろいろ②	インド、イラン、エジプトのパン、ナンの世界 … 20
「パン」も小麦だけじゃない	メキシコのトウモロコシの「パン」…………… 22
食べられるところは幹の中	パプアニューギニアのサゴヤシ ………………… 24
おイモは「ご飯」？	パプアニューギニアのタロイモ、ヤムイモ …… 26
あまい木の実は栄養たっぷり	ドバイのデーツ …………………………………… 28
モンゴルの草原で、ミルクで暮らす	ラクダやウマのミルク？ ………………………… 30
ミルクから作る様々な保存食	白い食べもの ……………………………………… 32
肉を食べるのは生きものを食べること	一頭まるごと食べる？モンゴルの肉の話 …… 34
大平原でたくさん育てられるから？	アルゼンチンの巨大ステーキ …………………… 36
虫と動物と何がちがう？	ご飯のおかずは虫! ……………………………… 38
野菜を長く保存するくふう	トルコのピクルス、韓国のキムチ ……………… 40

どうしたら魚を長く保存できるか？	スペインのシオカラ？ タイのスシ？ ……… 42
タイで「ナムプラ」、秋田で「ショッツル」	ベトナムの魚から作るしょう油 …………… 44
油で揚げても、肉よりヘルシー？	寿司は世界の食べもの!! ………………… 46
生で食べるのは日本人だけ？	チリの生ウニ、フランスの生ガキ ………… 48
煮て干したら、もっとおいしくなる？	スリランカのカツオブシカレー …………… 50
お肉なしでも生きていける	お豆がいっぱい、インドのカレー ………… 52
肉も魚も使っていない？	台湾の精進料理 …………………………… 54
まっ黒なソースは何かと思えば……	あまくないチョコレートのソース ………… 56
あまくておいしいミャンマーの「タコヤキ」	ココナツミルクの話 ……………………… 58
あまいお菓子で元気になれる	マラケシのお菓子屋さん ………………… 60
虫にさされておいしくなったお茶？	お茶は楽しみ？ 栄養のため？ …………… 62
	ちょっと ひといき…… ……………………… 64

2章 どこで何を食べていたのか？

主食の穀物は何だったのか？	米と麦などの地図 ………………………… 66
これも主食として食べられていた	その他の穀物とイモなどの広がりは？ …… 68
どんな動物を飼っていたのか？	家畜と乳しぼりの文化 …………………… 70
どんなもので味をつけていた？	調味料の文化圏 …………………………… 72
動物から？ 植物から？ 油はどこから？	油脂の文化圏 ……………………………… 74
あとがき	いろいろな地域でいろいろな食文化がある … 76
	50音順さくいん …………………………… 78

この本の使い方

1 たくさんの写真で、世界の「食」がわかる！

日本では見たことがないような食事、市場の様子、家庭の食卓など、実際に行って、見て、触れて、味わってとった、貴重な写真がいっぱいです。本文とあわせてながめると、自分たちの食事を考えるきっかけになるでしょう。

地図で場所がすぐにわかる！

その見開きで話題にしている主な地域と周辺の国を地図で示しています。特に話題にかかわる国を、黄色でぬっています。

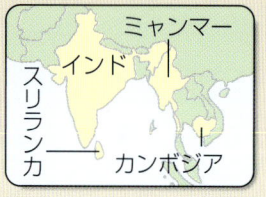

どの写真もそれぞれの場所では当たり前の風景。それぞれの地域の食文化がうかがえます。

見開きごとのテーマにそった課題をあげています。調べ学習に最適です。

2 15世紀の世界地図で昔の食文化を調べる！
（→どこで何を食べていたのか？ 65～75ページ）

コロンブスがアメリカ大陸を発見する以前の世界の食文化を、文化人類学の研究成果をもとに作成された地図を使って解説しています。カラーページで紹介した現代の食文化を考える絶好のヒントになるでしょう。

3 探しているページにすぐ行ける！
（→50音順さくいん 78～79ページ）

キーワードから、のっているページがすぐにわかります。

1章 世界の人々の暮らしから

　これは、ミャンマーの「オーノカウスエ」という麺です。麺はちょうどラーメンやチャンポンのよう。スープはカレーのよう。そこに好みで、ピリ辛のふりかけやレモンの汁などをかけて食べます。

　中国やインドなど、あちこちの食がいっしょになったようなものなのです。

　日本のラーメンももともと、中国から、カレーはインドからやって来ました。パスタはイタリアから。そして、日本の寿司は今では、世界中で食べられています。

　私たちが、あるいは外国の人たちが、今食べているものを食べるようになるのに、どのような物語があったのでしょう。

　どうやって、私たちは新しい食べものと出合い、受け入れてきたのでしょう。

米の話①
皮も、麺も米

　タイの市場にある屋台で売っているご飯の料理を集めてみると、ご飯をお皿に盛って、その上におかずをかけた、「どんぶり」のような料理が多いことに気付きます。

　それと、ヤキソバやラーメンのような麺もありますが、それも材料は米だそうです。

　それはベトナムでも同じ。「フォー」というラーメン。これも材料が米なのです。

　ラーメンはギョウザやパン、パスタなどと同じで小麦粉から作られていますが、この麺は米から作られているのです。

　だから、あっさりとした感じで食べられます。

　ベトナムでは、春巻きも有名です。春巻きの皮は中国や日本では、ふつうは小麦粉で作りますが、ベトナムのものは米です。

　米を米粒のままで食べるだけでなく、このような形にしても食べているのです。

　米のご飯が主食で、たくさん食べるのは、タイもベトナムも日本と同じ。ただ、タイやベトナムなど東南アジアの国々は、ご飯のままで食べる以外にも、たくさんのちがう食べ方をしているということなのです。

米の粉をといたものを布をしいた蒸し器で料理して、いろいろなものを作る。ラオスのビエンチャン。

世界の人々の暮らしから

シソの仲間と肉を炒めて、ご飯にのせた「バイカパオ」(タイ)。

蒸し鶏をご飯にのせた、タイの「カオマンカイ」。

米の麺で作ったヤキソバ、「パッタイ」(タイ)。

揚げ春巻き、「チャジョー」(ベトナム)。

ベトナムのラーメン、「フォー」。
野菜などを好みでのせて食べる。

調べてみよう!!
●日本では米の粉を上新粉といい、お菓子作りなどに使われたりもします。そして、おモチみたいな食べ方もしますよね。他に、どのようなものに、米が使われているでしょう?

生春巻き、「ゴイクオン」(ベトナム)。

ベトナムの米の麺の屋台。

米の話②
ご飯は手で食べる？

マレー人の一家の食事。
お皿に盛ったご飯を
右手で食べる。左手では食べない。

　東南アジアのご飯は、みな、お皿で食べています。インドもそうです。どうしてなのでしょう？
　右ページのご飯の粒を見てください。
　右の日本のふつうのご飯と、インドや東南アジアなどで食べられている左側の米。日本の米は、短粒種とかジャポニカと呼ばれていますが、この私たちが慣れている米よりも、インドなどの米、長粒種、インディカと呼ばれる米は長くて細いでしょう？
　この米、形がちがうだけではないのです。日本の米よりもぱさぱさしています。ねばりけがないのです。手にもくっつかない。
　だから、お皿やバナナの葉っぱなどに盛り付け、手で食べたり、スプーンなどで食べたりします。そういう食べ方には合っているのですが、日本式に茶碗とおはしで食べてみると、食べにくいのです。
　お皿やおはしのように、食べる道具も、食べるものによって、それぞれの地域でくふうされて、使われているということなのです。

世界の人々の暮らしから

調べてみよう!!

●タイの細長い米は、日本でも大きなスーパーやデパートなどで売られています。日本のふつうの米と食べ比べてみましょう。そのままでは、日本のご飯がおいしいけれど、カレーや炒飯にはタイのご飯がおいしいという人もいます。さて、どうでしょう？

左がインディカ、右がジャポニカ。

スリランカの家庭の食事。バナナの葉っぱもお皿。右手は食べるための手で、左手はトイレのための手。左利きでも同じ。

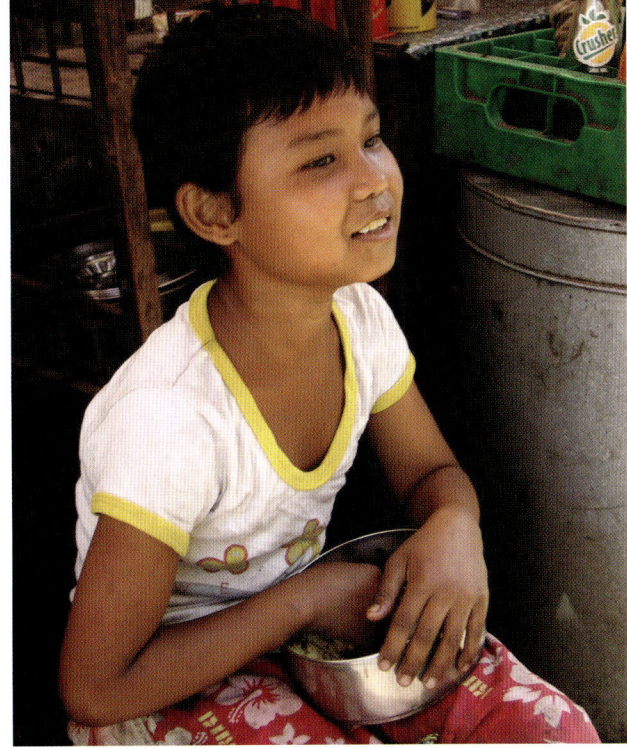
ミャンマー、ヤンゴンの子どもの食事。やっぱり、右手で。

カンボジア一家の食事。昔は手で食べていたが、最近ではスプーンとフォークで食べたりもする。

11

米の話③
モチ米にもいろいろある

竹を編んだ容れ物で、
モチ米を蒸す。これが「ご飯」。
市場で蒸したものを買って帰って、
ご飯にしたりも。東北タイ。

　タイの東北地方やラオスでは、竹で編んだ容器から湯気が出ているのをよく見かけます。
　中はモチ米。モチ米を蒸しているのです。それが、このあたりの地域の主食なのです。
　前のページで見たように、米にはいろいろな種類があります。アジアの暖かいところで食べられているインディカと、日本などで食べられているジャポニカのようなちがいですが、それだけでなく、うるち米とモチ米のちがいもあります。
　ふつうでもねばりの強いジャポニカでも、さらにねばりけが強く、ついてモチにすることができるモチ米と、ふつうのお米、うるち米があるのです。
　アジアの多くの国では、うるち米のインディカ種を食べているところが多いのですが、このラオスから東北タイにかけてのあたりではインディカ種のモチ米を蒸して、主食にしているというわけなのです。
　インディカのうるち米よりも、ねばりけがあるので、つまんで、ちょうど寿司くらいの大きさにして、おかずにつけて食べるのです。

世界の人々の暮らしから

モチ米でも細長いのがわかるかな？
インディカ種でも、モチ米だからねばりがある。
このようにつまんで、おかずにつけて食べる。東北タイ。

北タイ、チェンマイのご飯。
モチ米は竹で編んだ容れ物に入れる。

インディカ種のモチ米が主食の
ラオスでは、こんなおかずと
いっしょに食べる。肉の和え物など。

モチ米だけにモチも作られる。ミャンマー北部。色付きはお米の色。赤米。

竹筒にモチ米とココナツミルクを入れて火のそばに置いて炊いた、「カオ・ラーム」。お菓子のような、モチのような。東北タイ。

調べてみよう!!
● 日本ではモチ米をどのようにして、食べているでしょう？

中国の小麦の話①
北麺南米（北の麺と南の米）

「ギョウザを食べる」と言えば、こんな具合に、ギョウザといくつかのおかずを食べる食事なのです。西安にて。

「日本の食べもので何が不思議？」
中国から来た人にそう聞いたことがあります。
そうしたら、答えは意外なものでした。
ギョウザ。
だって、ギョウザって中国から日本に伝わったものでしょう？
そう聞くと、ギョウザをおかずにして、ご飯を食べていることが不思議だというのです。
どうして？
中国、それも特に北のほうでは、ギョウザを食べると言うと、ギョウザが「ご飯」のようなものなのです。ギョウザをおかずにご飯を食べるということは、その人たちにしたら、サンドイッチをおかずにご飯を食べているようなものだということなのです。
北麺南米。
そんな言葉が中国にはあります。麺は日本語とは意味がちがい、小麦粉で作られた食品全体をさします。肉マン（マントウ）もギョウザも麺です。
そして、南は米。暖かく日照時間が長く、雨も多い南の地方では米が育ちやすいのです。反対に、北では小麦のほうが適しています。
そういうことで、同じ中国でも、地方によって、主食がちがうのです。

世界の人々の暮らしから

中華料理のファーストフードのお店。ギョウザや麺、マントウはあったけど、米のご飯はありませんでした。西安にて。

たとえば、このようにマントウやギョウザの種類がいっぱいあるのですが、米のご飯はないのです。

調べてみよう!!

●日本国内でも、ウドンやソバが名物のところでは、もともとは米よりも小麦やソバが主食として、食べられていたようです。昔、どんなものを食べていたのか、おじいさんやおばあさんに聞いてみましょう。

市場の屋台が集まっているところでも、ギョウザのようなものとか、小麦粉でうすい生地を作って、中に何か包んで食べるものとか、麺のようなものばかりだったのです。西安にて。

小麦粉で作るものはどんな形にもなります。だから、こんなギョウザも。西安名物の「花色ギョウザ」。

中国の小麦の話②
麺の作り方もいろいろ

中国・西安の調理師の学校の校庭で見かけた麺作りの練習。のびてきたら、二本を四本に、四本を八本に。

　学校の運動場で、みんなして、ぶーらぶらん。これが、「ラーメン」を作る練習でした。
　小麦粉を水でこねて作った固まりをのばしていくと、一本が二本、二本が四本、四本が八本という具合に、だんだんと細くなっていきます。
　そうやってのばす（拉＝ラー）麺です。
　このようにして作ったり、あるいは日本のウドンと同じように（実は日本のウドンも中国から伝わってきたものなので、話は逆なのですけど）板状にのばして切ったもの、ドウ（成形した生地）からけずるようにして作るもの、穴からおし出して作るものなど、いろいろなものがあります。
　それは、日本の麺も同じだし、イタリアのパスタも同じ。のばしたドウをギターの弦のようなもので切った、その名も「ギターラ」というものなど、めずらしいものもありました。どうして、小麦粉（小麦を精製した粉）を水でこねていくと麺のようなものができるのでしょうか。また、まんじゅうやパンのようなものもできたのか。
　小麦は粉にしやすく、グルテンという固まりやすい性質をもつ成分がふくまれています。そのために、様々な料理が作りやすいのです。

世界の人々の暮らしから

麺の作り方はいっぱいあります。
生地をのばして、包丁で切るのが一番ふつうだけど、こうやってのばしたものも。
日本のソウメンと同じような作り方。中国・福建省。

こちらは小さい穴からお湯の中におし出す方法。
韓国の冷麺の作り方です。

調べてみよう!!
● 麺やパン、ギョウザ、他にどのようなものが小麦粉で作られているか、調べてみましょう。

イタリアのパスタの作り方にもめずらしいものがいっぱいあります。これは「ギターラ」といい、ギターの弦のようなものに生地をおしつけて切るもの。

レンコンのような形のパスタ、「ロレッテ」。イタリア。

世界のパンいろいろ①
トルコの「サバサンド」

　トルコのイスタンブール。ヨーロッパとアジアのかけ橋というか、両方にまたがった町です。この町の海辺には、特別なサンドイッチが売られています。サバを焼いて、ハーブ（かおりのよい野菜）といっしょにパンにはさんだサンドイッチ。

　これがおいしい。そして、不思議なのです。なぜなら、トルコの人たちはもともとは遊牧民。もともと、アジアの中央部でヒツジなどを追って暮らしており、魚なんか、ぜんぜん関係なかったのです。それが、じょじょに移動して、この地に国を作ったのです。そして、魚のサンドイッチを作っているのです。

　このサンドイッチとともに、ここにはもう一つ、名物のサンドイッチがあります。それが、右ページの「ドネルケバブ」というもの。そして、これに使われるパンはインドのナンなどと同じ仲間のパン。

　つまり、トルコには私たちがよく食べている食パン（イギリスパン）やバゲット（フランスパン）のようなパンと、インドのナンのようなパンがあるということです。

　パンにも様々な種類があります。トルコはアジアとヨーロッパの中間なので、その両方のスタイルがある、ということなのです。

これがイスタンブール名物の「ウスクムルサンド」、通称「サバサンド」。
パンがとてもおいしく、サバもおいしい。

世界の人々の暮らしから

橋の上には魚つりの人たちがいっぱいいました。
お腹がすいたら、パンを買って……。

サバは切り身にして
焼いたものをはさむ。

調べてみよう!!

- パンには、どのような種類があるか、調べてみよう。どこの国から始まったものなのかも、調べてみるとおもしろいかも。

「ドネルケバブ」。つるした肉の横から火があたるようになっていて、焼けたヒツジと鶏の肉をけずっていく。それをパンにはさむのです。

こんな街角のパン屋さんもいっぱいありました。パンの種類もいっぱいです。

「ドネルケバブ」はこんな感じで。

世界のパンいろいろ②
インド、イラン、エジプトのパン、ナンの世界

なんでしょう、この巨大なものは？

ナンというインドのパンでした。

小麦粉をこねて、しばらくおくと、酵母と呼ばれる菌が働いて、ふくれてきます。ヨーロッパのパンはたいてい、イーストと呼ばれる酵母を人工的に使って、発酵をコントロールして作るのですが、このナンの場合は、そのようなものは使わず、自然な状態で存在している菌に働いてもらって、作るものです。

インドでは、このナンをちぎりながら、カレーにつけて食べます。インドでも、特に北のほうでそのような食べ方をします（南は米とカレーです）。

このナンというパン。インドだけではなく、もっと西の国でも作られ、食べられているのです。イランでも同じものを食べましたし、トルコをへて、中東全域、エジプトにもありました。カレーのようなからい料理ではないのですが、ナンに肉を包んだり、あるいはシチューにつけて食べたりするものでした。

それもまた、パンの世界なのでした。

インド、デリーのレストランの巨大なナン。
四人でチャレンジして、ぜんぜん食べきれませんでした。巨大すぎ。

世界の人々の暮らしから

このようなものが、ふつうのナン。デリー。

タンドールと呼ぶカマド（オーブン）のかべにくっつけて、ナンを焼きます。お肉などもこの中で焼きます。デリー。

エジプト、ルクソールの町のパンのカマド。のばして焼いたら、インドのナンと同じような形になる。味も似ています。

イランの北の草原の遊牧民にごちそうになったナン。
ナン、チーズかバター、それにお茶。
それがふつうの食事でした。

調べてみよう!!

● ナンは最近では、日本のスーパーでも売っていることがあります。あるいはインド料理のお店などでは食べることができます。ふつうのパンとどのようにちがうのか、食べ比べてみましょう。

「パン」も小麦だけじゃない
メキシコのトウモロコシの「パン」

　メキシコの市場や屋台では、ナンと似たような「パン」を焼いて、何かをはさんで食べさせるものがいっぱいありました。レストランに入っても、きれいに盛り付けてあるものの、同じものがありました。

　食べてみると、ナンとはぜんぜんちがいます。しっとりとしたものも、ぱりっとしたものもありましたが、どれも小麦粉で作るパンとはぜんぜんちがう味わいです。

　これが、トウモロコシで作る「トルティーヤ」でした。トウモロコシを粉にして、それで作った生地を鉄板で焼いたものです。具をはさんで二つに折ったものを「タコス」、具を巻くように包んだものを「ブリート」と呼びますが、具の種類で様々なものがあります。

　米はもともと中国の南部、小麦は中東で野生にあった植物を栽培するようになったものですが、トウモロコシの場合は、メキシコのあたりで、野生にあった植物を栽培するようになったものなのです。

　コロンブスなどのヨーロッパ人が、この地にやってくる（1492年）ずっと前から食べられていたのが、この「トルティーヤ」でした。それが、今も主食として愛されているということなのです。

トウモロコシの粉で作る「トルティーヤ」は、鉄板で焼きます。

世界の人々の暮らしから

「トルティーヤ」には厚いもの、うすいもの、はさんで焼くもの、焼いてからはさむものなどなど、いろいろな種類が。

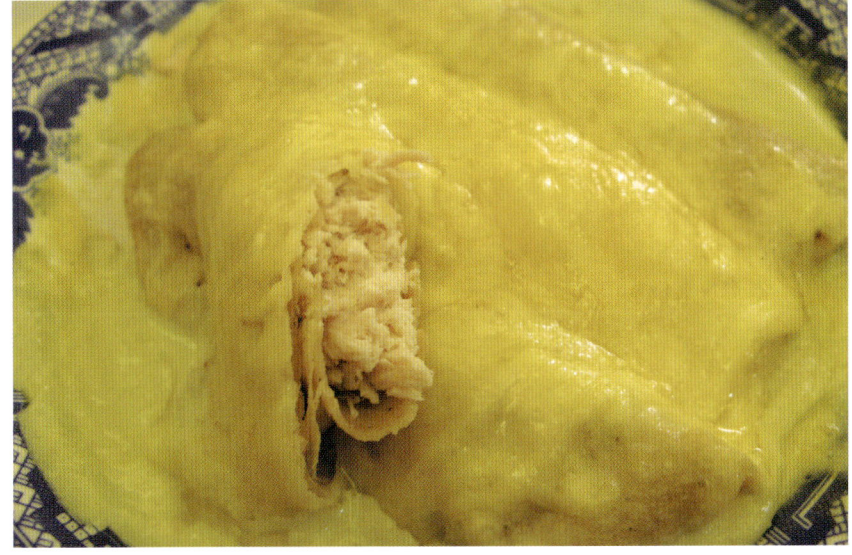

食事の前に出てくるちょっとしたスナックも、トウモロコシの粉から作られたものでした。

屋台のような気軽なところのものだけでなく、レストランのごちそうでも、「トルティーヤ」。たっぷりとお肉がはいって、たっぷりのチーズのソースが。

調べてみよう!!

● 日本ではトウモロコシはどのようにして食べられているでしょう。スナック菓子などでも、トウモロコシのものがけっこうあるよ。

「トルティーヤ」にチーズやお肉など、好みの具をはさんでもらって、「タコス」のでき上がり。

パプアニューギニア オーストラリア

食べられるところは幹の中
パプアニューギニアのサゴヤシ

パプアニューギニアの大河、セピック川。川沿いにある村にはヤシがいっぱいありました。

これが、「ご飯」。サゴヤシというヤシです。それを切りたおし、皮をはいでいくと、幹の中の繊維質の周りに、粉のようなものがいっぱい入っています。それがデンプン。

それをくだいて、ほぐす。水をかけてもむ。その液体をためておくと、デンプンが下に集まり、固まりになります。上ずみの部分をすてると、右ページの写真のようなものになります。これを煮たり、蒸したりして食べるのです。

このサゴヤシの幹には人間にとっては毒になるものがふくまれていますが、水にさらすという技術で、食べることができるものにしているのです。

日本にはない不思議な食べものだと思うでしょう？ ところが、日本でも、南の南西諸島（特に奄美から沖縄にかけて）などでは、昔、ソテツという植物の茎にあるデンプンをとって、同じように食べていたのです。米やイモがとれずに食べものに不自由した時など、特別な場合に食べることが多かったようですが、それも、水にさらして食べるという同じくふうをしたものでした。

これがサゴヤシの木。村の周囲にいっぱい植えてあります。

世界の人々の暮らしから

切りたおして、皮をはぎ……。

開いていくと、中にたっぷりとデンプンがたまっています。

デンプンを水でさらしていくと……。

> **調べてみよう!!**
> ●そのままでは、人間には毒で、食べられないものをさらして食べるとか、アクを抜くということは、私たちが食べるものでも、いっぱいあるのですが、さて、どんなものが？

こんな具合にデンプンの固まりに。これが「ご飯」。
このデンプンといぶした（燻製の）魚が主な食事でした。

パパアニューギニアだけでなく、近くの島々でもサゴは食べられています。これはブルネイのレストランで見つけたもの。

おイモは「ご飯」?
パプアニューギニアのタロイモ、ヤムイモ

　パプアニューギニアでもう一つ、「ご飯」のように食べられているものがあります。

　それはイモでした。

　ヤムイモという、日本にあるものでいえば、ヤマイモの仲間の長いイモ。

　タロイモという、日本にあるものでいえば、サトイモのような、でも、それより大きいイモ。

　そんなイモがよく食べられているのです。昔はバナナの葉っぱなどに包んで、焼いた石の下に置いて、蒸し焼きにしていたようですが、今ではなべで茹でたりして、食べることが多いようです。

　パプアニューギニアだけでなく、その近くの多くの島々では、イモをよく食べています。

　東南アジアでも、島や山のほうではよく食べますし、アフリカでも、主食として食べているところも少なくありません。

　バナナも、同じように食事として、食べているところも少なくありません。料理用のバナナは生で食べるのではなく、焼いたり、あるいはテンプラのようにして食べることが多いようです。

パプアニューギニアの内陸深い市場で売っていたのは、タロイモでした。茹でたりして食べます。

世界の人々の暮らしから

こちらは茹でたヤムイモ。
魚でもあれば、りっぱな「ご飯」。

茹でたトウモロコシもふつうに食べられています。

サツマイモもよく食べられているようでした。

調べてみよう!!

● 主食とは何でしょう？

● 他にどんな主食があるのか、調べてみましょう。

ヤムイモと魚や肉を蒸し焼きにしたら、りっぱなごちそう。
ホテルで「土地の料理を作って」と頼んだら出てきたもの。

あまい木の実は栄養たっぷり
ドバイのデーツ

イラク　イラン
サウジアラビア　ドバイ
アラブ首長国連邦

ドバイの市場で、いっぱい並んでいたのが、デーツ。ナツメヤシというヤシの木の実です。市場のあちこちで、それも、いろいろと種類がちがうのか、多くの場所をとって、売られていました。モロッコの砂漠の中のオアシスでは、ナツメヤシの木がいっぱいあり、デーツが実っていました。

どんな味？

すごくあまい。めちゃくちゃあまい。最初食べた時は、お菓子かと思ったくらい。

あまいということは、栄養価が高いということなのです。ですから、この地域の人々が砂漠を旅したりする時も、オアシスのようなところに住んでいる人々も、デーツを非常に大切な食べものとしています。かさばらず、軽い上に栄養があるので、デーツとチーズのような乳製品をもっていたら、砂漠地帯も旅ができるくらいなのです。

このデーツと乳製品の食事を見ると、さて、「主食」って何なのだろうと思ってしまいます。食事をするということは、どういうことなのかと考えてしまいます。お菓子を食べるのも食事なのでしょうか？

ドバイの市場で見つけたデーツ。いろいろな種類があって、みな、それぞれに「これがおいしいのだ」と言うのです。

世界の人々の暮らしから

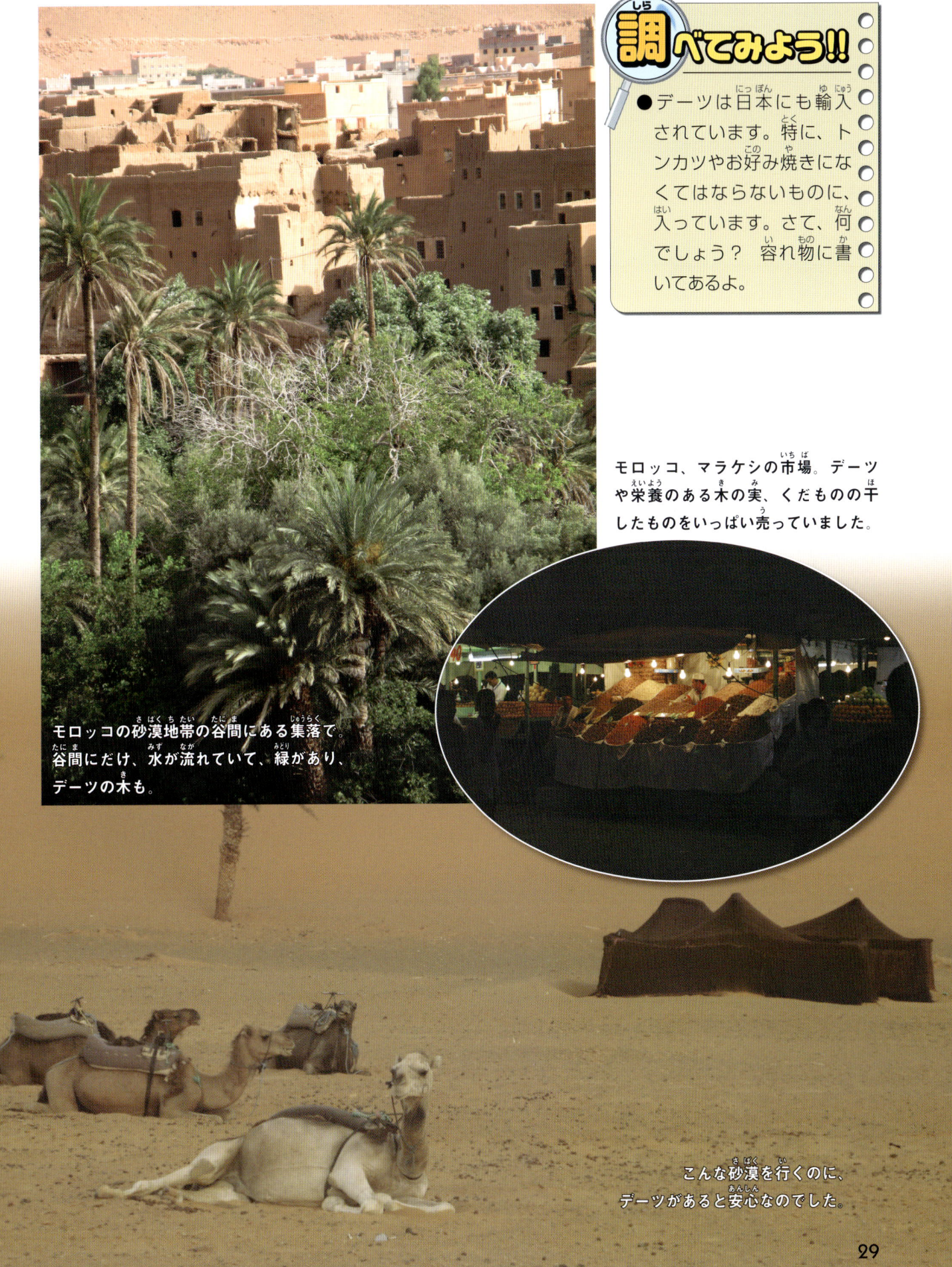

調べてみよう!!

● デーツは日本にも輸入されています。特に、トンカツやお好み焼きになくてはならないものに、入っています。さて、何でしょう？ 容れ物に書いてあるよ。

モロッコ、マラケシの市場。デーツや栄養のある木の実、くだものの干したものをいっぱい売っていました。

モロッコの砂漠地帯の谷間にある集落で。谷間にだけ、水が流れていて、緑があり、デーツの木も。

こんな砂漠を行くのに、デーツがあると安心なのでした。

モンゴルの草原で、ミルクで暮らす
ラクダやウマのミルク？

　モンゴルのゴビ砂漠。見わたす限り、砂が続くだけ。ぽつんぽつんとゲルというテントが見えます。少しだけ草が生えているところで、その草をエサにする動物を飼って暮らしている人々がいます。

　たくさんのヒツジと少しのヤギ。それにラクダなどの動物がいます。

　ラクダのわきに立って、手を動かしている人がいます。ミルクをしぼっているのでした。

　それから、ヒツジやヤギのミルクもしぼっていました。こちらはさくの中に入れて、出口のところで一頭ずつ捕まえて、ミルクをしぼっては外に出すというやり方です。

　この砂漠よりも、もっと緑が豊かな大草原が、首都ウランバートルの近郊には広がっています。そちらを訪ねると、やはり、ゲルが点在し、ヒツジやヤギが飼われていました。それから、たくさんのウマ。

　こちらでは、そのウマのミルクをしぼっているところも見ました。

　ミルクといえば、ふつうはウシだと思いますよね。ところが、このモンゴルでは五畜（五つの家畜）といって、ウシ、ウマ、ヒツジ、ヤギ、ラクダの五つの動物のミルクをしぼり、それを飲んだり食べたりするというのです。

　ミルクを食べる？　それも、ラクダやウマのミルクを？

世界の人々の暮らしから

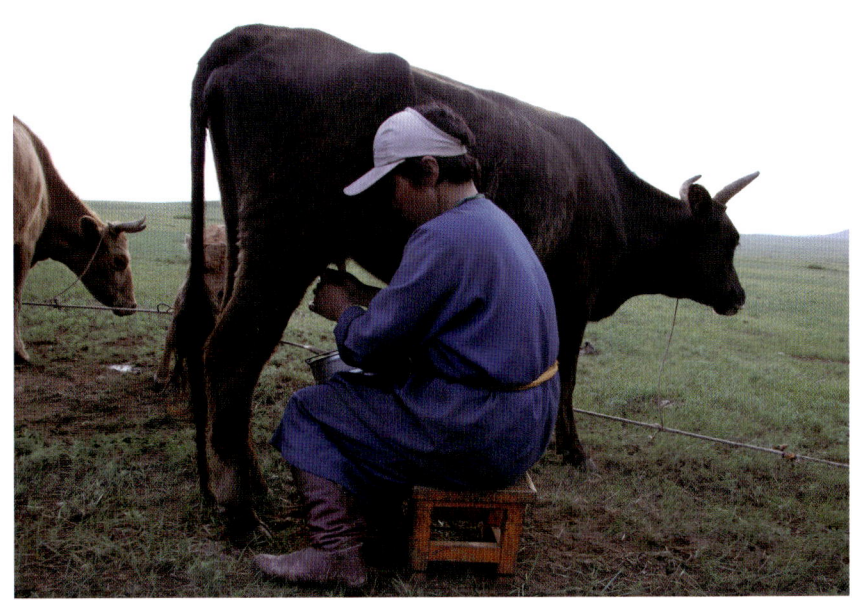

ウシの食べる草は限られているので、あまりたくさんは飼えません。

ウマのミルクは少しずつ、何回もしぼらなくてはならない。手間がかかる。

ラクダのミルクも、ゴビ砂漠などではだいじな食べもの。

調べてみよう!!
● 人間は他にどのような動物のミルクを利用しているのでしょうか。

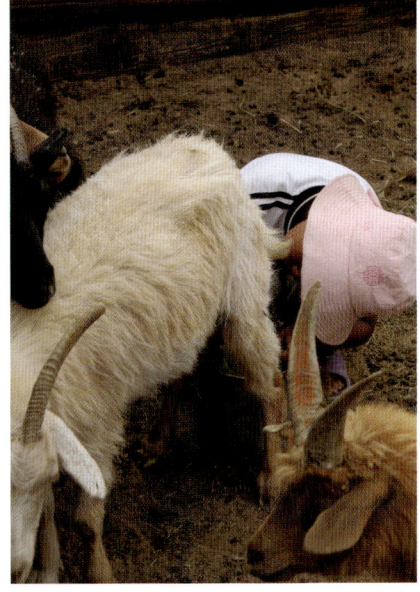

ヒツジやヤギの乳しぼりは、子どもたちもお手伝い。

遊牧民の世界では、子どもたちも、しっかりと働く。

ヤギやヒツジは一カ所に集めて、子ヤギ、子ヒツジと分けてからミルクをしぼる。

31

ミルクから作る様々な保存食
白い食べもの

　しぼったミルクは、そのまま置いておくと、くさってしまいます。モンゴルの平原では、電気もありませんから、冷蔵庫などありません。

　それでは、どうすればいいのでしょうか？

　たとえば、煮詰める。そうすると、上のほうにはクリームチーズのようなものができます。それを取った残りに、お茶と塩と合わせて飲みものにします。さらに煮詰めると、バターオイルのようなものになります。

　あるいは種になる菌（乳酸菌）を加えて混ぜるとヨーグルト。それをかわかし、クッキーのような感じのものにしたり。

　これらの食べものは、どれも、ミルクをそのままにしておくのと比べると、ずっと長持ちします。そのようにして、ミルクを食べるということなのです。

　白い食べもの、という言い方があります。夏の間は特に、ウシやヒツジなどの家畜たちが子どもを産み、ミルクを出します。それを赤ちゃんにあげ、残りを使ってこんな食べものを作り、食べるのです。

　この他には羊毛などを売って、小麦粉を買い、それで麺やまんじゅう、ギョウザのようなものを作って食べたりもします。

しぼりたてを煮つめて、保存食を作ったり、お茶にしたり。

世界の人々の暮らしから

チーズやバターのような保存食品を作っておき、いつも食べられるようにしておく。夏の間はそればかり……。

調べてみよう!!

● 食べものを保存する方法について調べてみましょう。モンゴル式ではない、たとえばヨーロッパなどのミルクの保存食品であるヨーグルトやチーズ、バターなどはどうやって作るのか、調べてみましょう。

ミルクから作られたものをパンにつけ、ミルクのお茶と。夏の間は本当に白いものばかり。

ほとんど雨がふらない草原だから、ゲルの上で干して、長く保存できる食べものを作る。

肉を食べるのは生きものを食べること

一頭まるごと食べる? モンゴルの肉の話

　モンゴルの冬は寒い。一日中、ずっと冷凍庫の中のように、氷点下のまま。動物たちのエサの草も少なくなります。

　そうなったら、どうするのでしょうか?

　次の年、親になるものを除いて、まとめて殺し、肉にします。外に置いておいても、冷凍庫の中と同じだから、くさらないのです。

　それを冬の間、ずっと食べつなぎます。寒さがゆるみ、しかし、まだ、食べものが豊富ではない時期のために、干し肉も作っておきます。

　内臓ももちろん食べるし、血も、きれいにした腸や胃袋につめて、煮て固まったものを食べます。

　夏の間でも、客が来たりしたら、殺して食べます。私が訪ねた時も、夏でしたが、ヒツジを一頭、目の前で殺して料理してくれました。最初はかわいそうだなあと思ったのですが、コンビニもスーパーもない世界。そうやって育て、殺した動物の肉しかないのだと思ったのでした。

　私たちも、だれかが殺して、肉にしてくれたものを食べているのに、それを見ていない、知らないだけなのです。

　　おじいさんがヒツジのお腹に手を入れたと思ったら、すぐにおとなしくなった。

世界の人々の暮らしから

調べてみよう!!

● 普段食べている肉は何の動物の肉でしょうか？また、動物のからだのどこの部分か調べてみましょう。

あっという間に肉にされ、一時間もこの缶の中で蒸し焼きにされたら、りっぱな料理に。

みんなで食べられるように一頭分の肉が全部、料理されて……。

内臓もきれいにされて、こちらは煮て食べる。
血も腸や胃袋の中につめて、煮る。

見慣れているからか、すぐ横でヒツジが肉になるのを見ていても、平気。遊牧民には当たり前のこと。

35

大平原でたくさん育てられるから？
アルゼンチンの巨大ステーキ

アルゼンチンのレストラン。「これでもか」というぐらい、ソーセージの類や、内臓を焼いたものなどが出てきて、「こんなに食べられるのかしら」と思っていたら、お店の人がやってきて、言いました。

「メインのお肉はどうします？」

そうして、登場したのは、またまた巨大な肉の固まりでした。一人で500グラムくらいはふつう。もっと食べてもだれもおどろきません。そのくらい大量にお肉を食べているのでした。

レストランでごちそうを食べる時だけかと思ったら、工場で働いている人のお弁当を見ても、鶏肉が半羽くらいは入っていました。お肉をたくさん食べるのは、どうやら、この国ではふつうのようでした。そういえば、アメリカやオーストラリアでも、「こんなに肉を食べるの？」とおどろいたことがありました。

もともと、お肉を食べている国でも、それほどふだんは食べてはいませんでした。食べられなかったのです。たまのごちそうだったのです。それが、アルゼンチンやオーストラリアの大平原で、ウシを飼うことができるようになり、肉をたくさん食べることがめずらしくなくなってきたのでした。スケールは小さいけど、日本も同じことかしら？

頼んだ料理が、こんな具合に出てきたら、だれでもびっくりするでしょ？

世界の人々の暮らしから

ワイン工場の中でのパーティーで
用意していたのが、これ。
バーベキューも豪快。

レストランも、こんな感じで焼いている。アルゼンチンのおとなりの国、ウルグアイで。

こんな、焼いた内臓を「前菜」として食べて、その上でお肉をいっぱい食べるようだ。

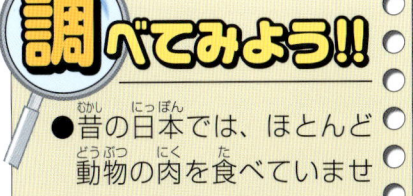

調べてみよう!!

- 昔の日本では、ほとんど動物の肉を食べていませんでした。なぜだったのでしょうか？

肉屋も豪快なような気がする。
売っているものの単位が大きいのだ。

37

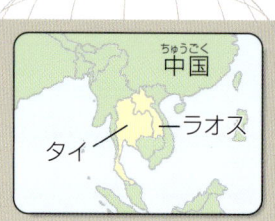

虫と動物と何がちがう？

ご飯のおかずは虫！

　市場を歩いていたら、エビを揚げたようなものが、ずらっと並んでいました。

　「何だろう？」とよくよく見たら、虫でした。そういえば、道ばたで、焼き鳥でも売っているのかと思ったら、子どもが串に刺した虫を売っていたりしました。他の国でも虫を食べることはないことはないのですが、このラオスという国では特に多いようです。

　どうして、虫なんか食べるのでしょう？　そう思うでしょう？

　でもね、日本でも、たとえば長野県の伊那地方ではカイコやザザムシ、ハチの子などの虫をふつうに食べています。スーパーで佃煮が売られていたりします。

　その土地で簡単に手に入る栄養のある食べものを、人は食べてきたのです。

　そうそう。タイの市場で、カエルとかタガメのような虫とか、売っているのを見て、

　「君たちタイ人は、ヘンなものを食べるね」と言ったら、

　「日本人には、ウマを刺身で食べる人がいるのですって？」

　魚がぴくぴく動くような刺身も気持ち悪いと言われました。お互い様なのかもしれませんね。

ラオスの市場で、どんな食べものを売っているのかと思ったら、ぜんぶ、虫……。

世界の人々の暮らしから

ハチの巣を売っているのかと思ったら、中にはちゃんと幼虫がいた。それもいっしょに食べるのだ。

道ばたでも、出店があって、何かと思うと、虫……。

子どもたちが、河原や田んぼで、小魚やカエル、あるいは虫を集めるのは、家のお手伝いなのだ。

調べてみよう!!

- こんなものを食べるの？とおどろいたものを探してみましょう。

- どうして食べるのか、どうして食べないのか、考えてみましょう。

こんなお魚を見たら、日本の私たちは「おいしそう」と思うかもしれないが、他所の国の人には気持ち悪かったりもする。ちょうど私たちが、虫を食べることのように。

野菜を長く保存するくふう
トルコのピクルス、韓国のキムチ

イランの内陸部、周囲が砂漠のタブリーズは、かつてのシルクロードにある市場の町です。市場を歩いていると、写真のような店が目に入りました。

キュウリの「ピクルス(酢に漬けたもの)」です。

なぜ、「ピクルス」のような酸っぱいものにして、食べるのでしょう?

他の野菜も同じですが、だいたい、一度にまとめて収穫されます。今だったら、ビニールハウスなどで温度をコントロールして、時期を変えて収穫できますが、昔はそんなことはできませんでした。

一時期にまとめて収穫されるものを冷蔵庫もない時代にどうしたら、くさらせず、食べられるか? それが、ピクルスのような漬けものにするという知恵でした。

韓国のキムチも同じです。

もともとは、冬の間、生の野菜がまったく手に入らなくなるので、秋に収穫したものを、冬の間ずっと食べられるようにくふうしてできたのが、キムチだったのです。

日本の漬けものも同じ。梅干しも奈良漬けも。

タブリーズの市場で見つけたお店。
こんなにたくさんあるのに、売っているのはピクルスだけ。
それだけ、よく食べるものだということ?

世界の人々の暮らしから

ピクルスは、料理にこんな具合にそえたり、パンやご飯の料理といっしょに食べたり。

野菜の漬けものもあちこちの国にある。これはミャンマーの市場のお店。

調べてみよう!!
●君たちの家には、くさらないで、長く食べられるどんなものがあるか、探してみましょう。

韓国、ソウルの市場で。
トウガラシたっぷりの保存食はキムチだけでなく、いっぱいある。

韓国の食卓にはキムチなどの保存食がいっぱい並ぶ。秋の収穫物を保存食にして、冬を過ごしたのだ。

どうしたら魚を長く保存できるか？
スペインのシオカラ？ タイのスシ？

スペインやイタリア、南フランスなど、ヨーロッパの南のほうには、「アンチョビ」と呼ばれるものがあります。イワシを塩漬けにして、オリーブ油に漬け込んだものです。

その工場をスペインで訪ね、まだオリーブ油に漬け込む前のものを見せてもらいました。

小さいイワシの塩漬け。試しに少し食べてみると、シオカラのような味でした。あちらでは、その後、オリーブ油という日本にはもともとなかったものに漬け込むので、ちがうもののように思ってしまいますが、もとは同じようなものだったのです。

たくさんとれた魚を一度には食べられない。どう保存して食べるようにできるか、というくふうです。

日本のシオカラなどの魚の保存食品も同じことなのです。

塩漬けにするだけでなく、ご飯もいっしょに漬けたものがあります。「ナレズシ」などと言い、日本では琵琶湖の「フナズシ」が有名です。長く保存して発酵させる「ナレズシ」は東南アジアがふるさとでした。

どうすれば、くさらせないで長く食べられるか、のくふうで特別な味が生まれるのです。

発酵させて酸っぱくする代わりに、酢を使って作るようになったのが、今私たちが食べている寿司です。

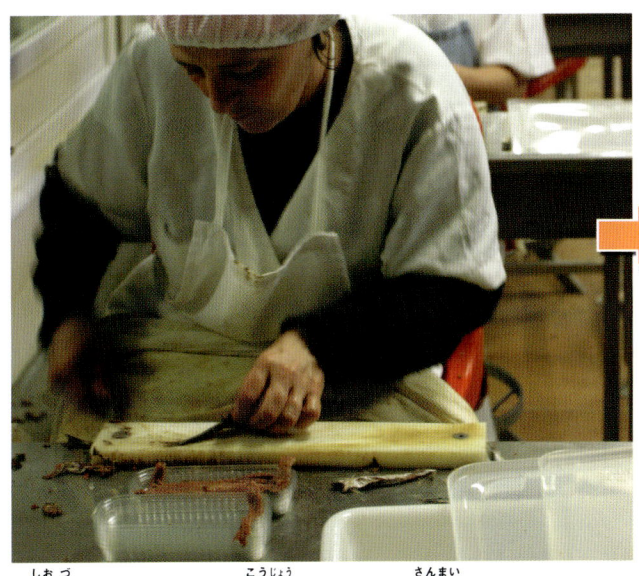

世界の人々の暮らしから

塩漬けのイワシは、工場できれいに三枚にさばかれて、

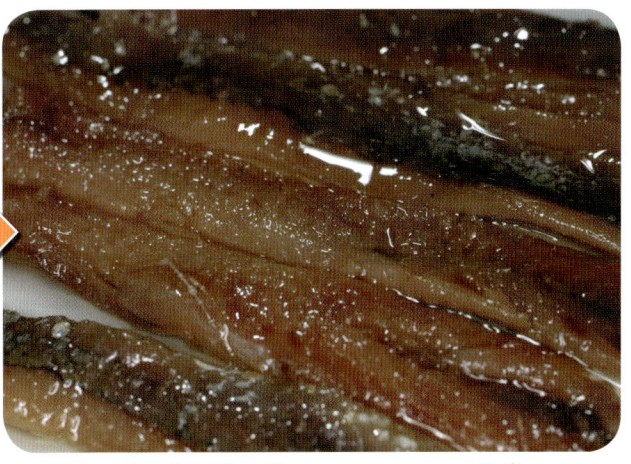

オリーブ油の中に漬け込まれる。これが、日本でもふつうに売られている「アンチョビ」。でも、もとはシオカラと似たものだということです。

タイのナレズシ「プラ・ソーム」。シオカラにご飯も加えて漬けたもの。日本の寿司も、もともとはこういうものだった。それが、変化したのだ。

調べてみよう!!

●魚の保存食品にはどのようなものがあるか、調べてみましょう。

近所の市場へ行くと、生の新鮮なイワシも売っていた。よく食べるのだという。スペイン、バスク地方。

タイで「ナムプラ」、秋田で「ショッツル」
ベトナムの魚から作るしょう油

木で作られた大きなたるが並ぶ倉庫。トタンの屋根で、しかも冬などない熱帯のベトナムのこと、熱がこもってすごい暑さです。そして、その中に、少し生ぐさいにおいが。

たるはちょうど、日本のしょう油や味噌を作っているもののように見えます。しかし、中にあるのは大豆ではなく、魚。イワシを塩で漬けたものなのです。

大量の塩でイワシを漬け込み、半年、一年と置くと発酵して、水分と残りのものが分離していきます。その水分のほうを取り分けたものが、「ニョクマム」。タイの「ナムプラ」や秋田の「ショッツル」、能登（北陸地方）の「イシリ」のような魚のしょう油です。シオカラの仲間です。

大豆が豆腐になったり、しょう油や味噌のような調味料になるように、そのまま食べる魚が調味料にもなる、ということです。まあ、昔は食材と調味料などという分け方はしていなかったのかもしれません。長く保存できるようなくふうをしたら、それが調味料と言われるようになったのかもしれません。

世界の人々の暮らしから

ベトナムのフーコック島は漁業とニョクマム作りが盛ん。漁船ではイワシをとり、そのまま船上で塩漬けに。

これが「ニョクマム」。そのままではちょっと生ぐさいが、料理に使うとおいしい。

この小さいイワシが、「ニョクマム」になる。

調べてみよう!!

● いろいろな調味料が、何から作られているか、調べてみましょう。味噌は？ しょう油は？ 酢は？ 砂糖は？

ベトナム、ホーチミン市の総菜の店。ほとんどのベトナム料理には、「ニョクマム」が使われている。

45

油で揚げても、肉よりヘルシー？
寿司は世界の食べもの!!

アボカドやカニを巻いた上に、ウナギがのっかった巻き寿司。巻き寿司にころもをつけて、テンプラにして、さらに、切ったものにたっぷりとチリソースとからいトウガラシをのせたもの。にぎり寿司では、ワサビを入れない代わりに、わきにたっぷりと置いたもの。アメリカのお寿司屋さんにある「スシ」です。

もちろん、寿司は日本の料理ですが、今ではアメリカをはじめ、世界中で人気があります。日本では見ないような寿司も、外国にはいろいろとあるのです。

なぜ、人気があるかというと、健康的な食べものであると思われているからのようです。お肉を食べ過ぎだなあと思っている人たちに、ダイエットによさそうな料理だと人気があるようなのです。

それにしても、日本にはない寿司って、ヘン？

でもね。それを言ったら、日本にも納豆やタラコのスパゲティのようなイタリア人がビックリのもの、インド人が「これがカレー？」とおどろくカレーウドンとか……。

外国の料理を受け入れて、自分のものにする。みんながやっていることなのです。

世界の人々の暮らしから

テンプラのエビをはさんだ巻き寿司。これも、寿司？

ウナギの寿司。少しずつ、ちがうものを、というよりも、一人で一つ、どーんと食べるのが好まれる。ステーキなどを食べる時の感覚なのか。

エビフライが入っている上に、千切りのジャガイモをころもにして揚げたもの。

ニューヨークのお寿司屋さん。働いている人も、お客さんも、日本人じゃない人たちが多い。それだけ、寿司は国際的になったのだ。

調べてみよう!!

●ふだん、食べている料理が、どこから来て、どう変化したものなのか、そして、それはなぜなのか、考えてみましょう。パンは？　パスタは？　ケーキやクッキーは？

新しい寿司も、すでにいろいろな国に広まっている。韓国、ソウルで見つけたお寿司屋さんの看板。

生で食べるのは日本人だけ？
チリの生ウニ、フランスの生ガキ

　寿司を外国の人たちが食べるようになった時、日本人はびっくりしました。

　だって、多くの外国人が、「日本人は刺身や寿司のように、生の魚を食べる」とおどろいていたのですから。生で食べるのは、日本人だけだと、日本人も思っていたのです。でも、改めて世界を見わたすと、たくさんの国の人たちが生の魚介類を食べています。

　生のカキを食べる習慣は、フランスをはじめ、多くの欧米の国々で見られます。市場でも、殻のついたままのもの、殻を開けたもの、レモンまでそえたものなどが、ふつうに売られています。

　チリでは生のウニも食べられていますし、生の魚にライム（レモン）の汁をかけて、和えた料理などもありました。

　海から遠いところでは、昔は新鮮な魚など食べられなかったから、そのような食べ方は海辺に限られていたということでしょう。

　それと、「なんだ、日本人が寿司で生の魚を食べるのは、自分たちが生のカキを食べるのと同じじゃないか」と気付いたのかもしれないですね。

チリの市場ではウニがいっぱい売られていた。日本にも輸出されている。

世界の人々の暮らしから

ウニも生で、香草などをのせ、レモンをしぼって食べる。

生の魚を和えた「セビーチェ」と呼ぶ料理。チリからペルーのあたりでよく食べる。

めずらしい海産物もたくさん。手前はフジツボ。茹でたり、スープに入れたりして食べる。カニと貝の中間のような味。

カキを生で食べる習慣は多くの国で見られる。フランス、ボルドーの市場の魚売り場。

調べてみよう!!

●日本でも、海からはなれた内陸部では、刺身や寿司が食べられるようになったのは、冷凍や冷蔵の技術が発達した最近のことだというところも少なくありません。おじいさんやおばあさんに昔、何を生で食べていたか聞いてみましょう。

煮て干したら、もっとおいしくなる？
スリランカのカツオブシカレー

「さて、これは何でしょう？」
答えはカツオブシ。スリランカの。
日本のカツオブシは、カツオの骨をとって、煮て、燻製にして（けむりでいぶして）、干して、体に悪くないカビをつけて、また干して、ということをくり返して、木のように堅くしたもの。今では、それをけずったものがふつうに売られています。でも、もとはこういう形なのです。
それと同じようなものをスリランカという遠い国で（だけ）見つけたので、ビックリしたというわけ。
スリランカでは、モルディブフィッシュといい、さらに西のモルディブという島で作られたものがほとんどスリランカに輸入されているのです。
さて、それではどうやって食べるのか。たたきつぶして、粉のようにしていました。そして、それをスパイス（香辛料）といっしょにして、カレーを作っていたのでした。カツオブシ入りのカレー。
干物も、カツオブシもくさらせずに、遠くまで魚を運ぶくふう。それが生とはちがうおいしさも生んでいるのです。

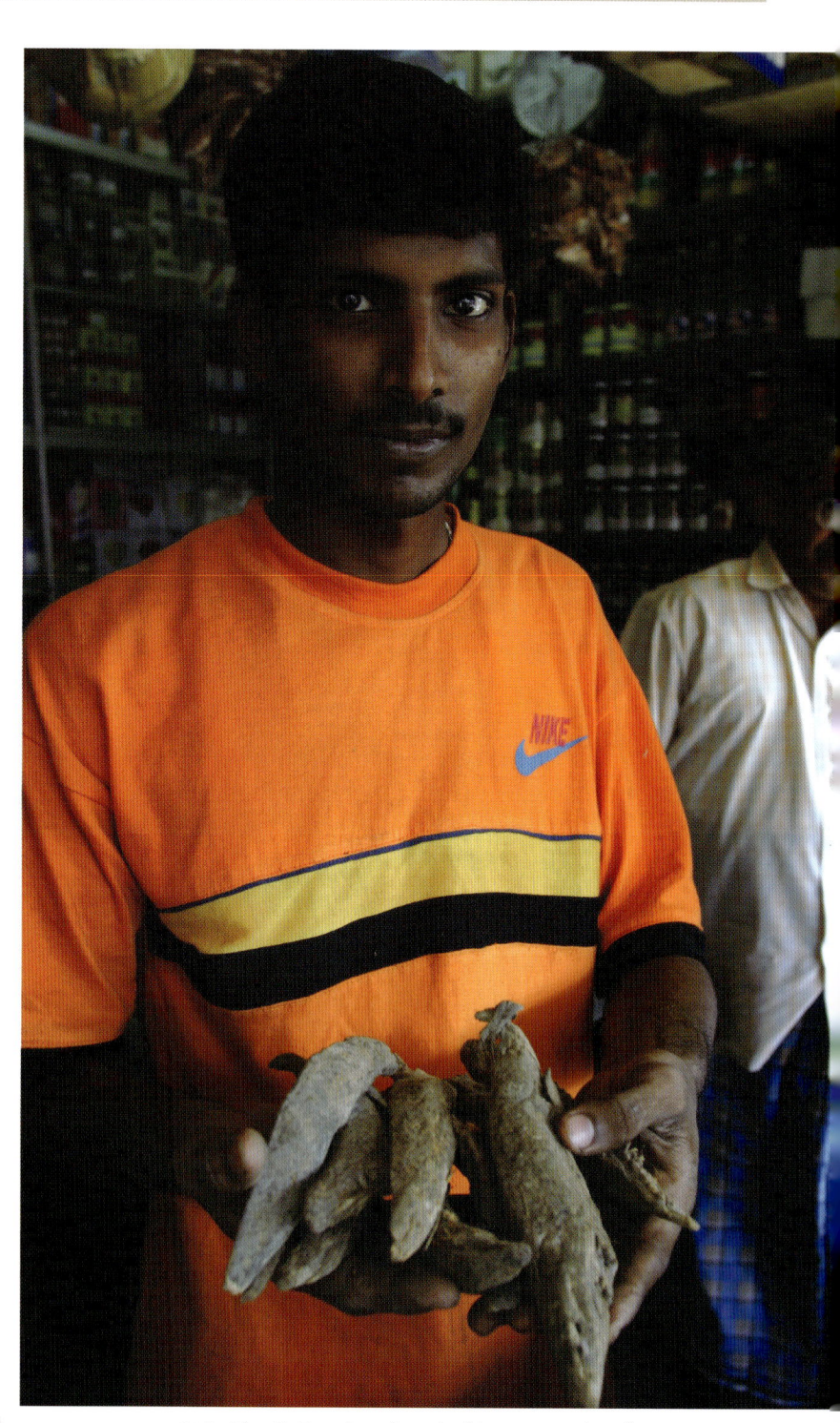

これがスリランカのカツオブシ、モルディブフィッシュ。日本のカツオブシ作りの人たちに食べてもらったら、「うん、これはカツオブシだ」って。丸で囲った写真が日本のカツオブシ。

> 世界の人々の暮らしから

ご飯にかけたスリランカの各種カレー。
こんなものにも、カツオブシが。

野菜がたっぷりの「カレー」などに、モルディブフィッシュが入っている。

調べてみよう!!

- カツオブシ以外に、おだしに使うものは、どんなものがあるでしょうか?
- それは日本だけか、外国でも使われているものでしょうか?

このようにしてつぶして、他のスパイスなどと合わせて、料理に使う。おいしい味が出るから。

お肉なしでも生きていける

お豆がいっぱい、インドのカレー

豆はスナックとしても、料理の材料としてもたくさん売られている。ジャイプル。

インドに行っておどろいたこと。

ビーフカレーがないこと。インドではウシは聖なる生きもので、食べたりはしないのだ。

ジャガイモ、タマネギ、ニンジンとお肉の入ったカレーがないこと。あれは、インドでカレー作りを覚えたイギリス人が、イギリスで作ったシチューの仲間のようなカレーを、さらにまた、日本式にしたもの。ふつうは、インドでは、ジャガイモのカレーだったら、ジャガイモだけ、という作り方をするのです。その代わりに、一回の食事にいろいろなカレーを並べて食べるのです。

豆のカレーがいっぱいありました。それから、チーズのカレーも。

インドにはベジタリアンという、肉を食べない人たちがいて、その人たちは肉の代わりに豆やチーズ、ヨーグルトなどをたっぷりと食べるのです。そのようなものをいっぱい使ったカレーがいろいろとあります。

地域によっても、関東の料理と関西の料理がちがうように、からかったり、からくなかったり、汁気が多かったり、少なかったり。

東南アジアのカレーもちがうし、カレーといってもいっぱいあるのでした。

世界の人々の暮らしから

からさやかおりのもとになる、スパイスはいっぱいあって、たくさん売っている。これらを合わせてカレーを作る。

からさのもと、トウガラシもスパイスの一つ。たっぷりと使う。

ベジタリアンの料理。肉も魚もぜんぜん使っていない。豆やチーズと野菜だけ。

調べてみよう!!

- インド式のカレーやタイ式のカレー。スーパーでも見つかるはず。どうちがうか、試してみよう。レストランで見つけたら、食べ比べてみましょう。

「パニール」というインドのチーズ。スパイスをつけて焼いたもの。味はカレー風味のチーズという感じ。

肉も魚も使っていない？
台湾の精進料理

これが全部、肉も魚もなしに作られているもの。右の鶏肉のような（そのつもりの）ものが湯葉の料理。黒い容れ物の中はアワビのつもりのシイタケなど。

鶏肉のように見えたものは、湯葉（豆乳を温めてできるまくのようなもの）を重ねたもの。

揚げた豚肉のように見えたものは、干しシイタケをもどして、蚊取り線香のように切れ目を入れてのばしたもの。イカかと思ったものはコンニャクの水分を飛ばしたものだったし、ハムはグルテンという小麦にふくまれるものから作ったものでした。

肉や魚の形だけど、ぜんぜん、肉も魚も使っていない。使っているのは植物のものだけ。動物のもので使うとしたら、せいぜい卵くらい。

インドを中心に世界中に、肉や魚などの生きものを食べない人たちがいます。多くの場合、自分が生きていくために、他の生きものを殺したくないという考え方や宗教から。

台湾にもそんな人たちが食べる精進料理＝素食がありました。肉を使わず、肉を食べたつもりになる料理。不思議だなあと思ったけれど、日本のガンモドキも、ガンという鳥の代わりに、豆腐にあれこれ入れたもの。同じ考え方なのです。

世界の人々の暮らしから

素食の総菜のお店。
店でも食べられるし、
持ち帰ってもいい、
そういう店が台北などに
たくさんある。

調べてみよう!!

●日本にも肉や魚を使わない精進料理がたくさんあります。どんなものがあるでしょう？ 豆腐の味噌汁など、魚も入っていないように見えるけど、おだしはイリコやカツオブシ。それは精進料理ではないよ。

アメリカ / メキシコ

まっ黒なソースは何かと思えば……
あまくないチョコレートのソース

チョコレートソースの鶏料理。ぜんぜんあまくない。ほろ苦い感じが、意外にもおいしい。大人の味、かな。

どうせなら、めずらしいものを食べてみたい。

メキシコのレストランで、そんなことを言うと、教えてくれたのがまっ黒な料理。

そして、とけたチョコレートのようなにおい。食べてみると、中は鶏の肉なのですが、周りは本当にチョコレート。ただし、あまくはないチョコレートなのです。チョコレートと言えば、あまいものだと思っていましたから、ビックリです。

ほろ苦い、お肉のソースとしてのチョコレートというものがあったのです。

もともと、チョコレートのもと、カカオという植物はメキシコのあたりから南アメリカにかけての熱帯に育っていた木でした。その豆を粉にして飲みものにしたのが、ココア。そして、砂糖なども加えて固めたものがふつうに食べているチョコレートです。そのあまくしていないものが、メキシコあたりでは、お肉を食べる時のソースとして使われているということなのでした。

世界の人々の暮らしから

調べてみよう!!

●びっくりするようなものを食べたことはある？あったとしたら、何に、なぜ、おどろいたのか、考えてみよう。

このようなレストランで、ヨーロッパと昔からのメキシコがいっしょになったような料理が食べられる。

こちらはゴマのソース。

アボカドも中南米原産。
食べ方もいろいろとあって、スープにはおどろいたが、けっこうおいしい。

トウガラシも中南米の原産。
このあたりから世界に広まったもの。
だから、種類も豊富なのだ。

あまくておいしいミャンマーの「タコヤキ」
ココナツミルクの話

「どうして、ここにタコヤキが？」
ミャンマーの市場を歩いていると、どう見ても、タコヤキにそっくりなものに出くわします。タイや、カンボジアの市場でも同じでした。

どうして？と思って、食べてみると、これがあまいお菓子。もちろん、タコなんて入っていません。米を粉にしたものと砂糖や卵などを混ぜ、それから、ココナツミルクと呼ばれるものもいっしょにして、焼いたものだったのです。

ココナツミルクというのは、ココヤシの実の内側についている白い果肉をけずり取り、水を加えてもんで、こしたもの。ちょうど、本物のミルクのような、ほのかなあまみとクリームのような感じがあるものです。

実は、このココナツミルクが、ミャンマーやタイのような東南アジアの国々では、様々な料理に使われているのです。お菓子で、「ミルクみたいだなあ」と思うものは、たいていこれが入っていますし、カレーなどの料理でもめずらしくありません。

それにしても、このタコヤキのような道具と作り方。日本のタコヤキと関係があるのか、どちらもそれぞれ別に生まれたものか……。

ヤンゴンのタコヤキ「モンリンマヤー」。

世界の人々の暮らしから

調べてみよう!!
● ココナツのフレークは日本でもケーキ作りに使われたりします。ココナツミルクは缶詰が売られています。ミルクとどうちがうか、味を試してみましょう。

こちらはラオスのルアンプラバンの「タコヤキ」。料理はずいぶんとちがうミャンマー、タイ、ラオス、カンボジアですが、このお菓子は共通。

東南アジアのスイーツでは、ココナツミルクはなくてはならないもの。カンボジアのシエムリアップ。

これがココヤシの木。実が上のほうに見える。

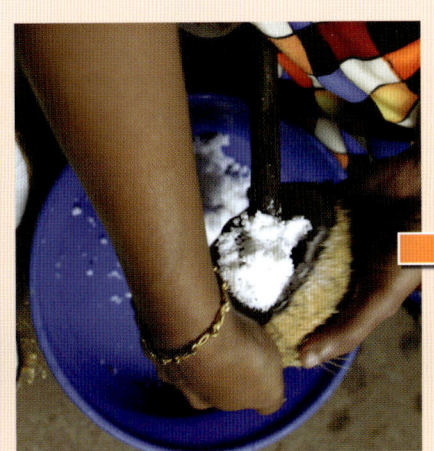

実の内側の白い果肉をけずり取り、

水を加えてもめば、ミルクのようなものができる。それがココナツミルク。

あまいお菓子で元気になれる
マラケシのお菓子屋さん

　北アフリカのモロッコ。マラケシは砂漠の手前にある町です。昔からの交易の中心地です。人々が集まり、市場が栄えたところ。

　今もそれは変わらず、町の中心にある広場には、夕暮れ時ともなれば、たくさんの食べもののお店が出ます。すごい数の人だなあとおどろきながらながめていたら、その周囲が市場になっていることがわかりました。

　お店がいっぱい集まっていて、迷路のようになっている一角を歩き回っていると、あまいにおいがしてきました。

　お菓子の店です。

　おじさんがお菓子に囲まれるようにして、お菓子を売っていました。

　あまくてこうばしいお菓子。クッキーのようなものが多かったのですが、小麦粉と砂糖だけでなく、木の実がいっぱい入っているようでした。木の実かあるいはドライフルーツ。

　先に見た、東南アジアのお菓子が、ココナツミルク入りなのが特徴だとしたら、インドから中東、そして北アフリカにかけての一帯では、乾燥しているところが多いので、くだものを乾燥させたものか、ヘーゼルナッツやアーモンドなどの木の実を使ったものが多いようです。

マラケシの市場のお菓子屋さん。一つ食べてごらん。買いたくなるから……。

世界の人々の暮らしから

このような木の実がインドあたりから、北アフリカまで多い。写真はインドのデリーで。

昼間は暑すぎて、
ゆっくりいられない広場も、
夕暮れとなると、
このようにお店ができる。

調べてみよう!!

● 地域によって、どのようなお菓子があるのか、どのようなちがいがあるか、調べてみましょう。

オレンジジュースだけの屋台もずらっと並んでいました。

虫にさされておいしくなったお茶？
お茶は楽しみ？栄養のため？

ちょうど、まん中あたりに虫が見えるでしょう？これがウンカ。茶葉のエキスを吸っていて、それで、茶葉に特別なかおりを与える。

　ウンカにさされたお茶、というものが台湾にあります。
　「東方美人（オリエンタルビューティー）」、あるいは「香檳烏龍」と呼ばれるお茶です。
　ウンカは稲についたりする虫。その虫がお茶の若い葉っぱについて、中の栄養分を吸います。そうすると、ウンカの口の中にふくまれている成分がお茶に影響をおよぼし、かおりを変えるのです。よりかぐわしくなるのです。
　めずらしいお茶はあちこちにあります。

　チベットやモンゴルの人たちが飲んでいるお茶は茶葉を固まりにしたもの。それをけずって、ミルクやバターと煮込んだもの。
　モロッコや中東では、お茶の葉っぱとミントの葉をいっしょに入れた（あるいはミントだけを入れた）ミントティーにたっぷりと砂糖も加えて飲んでいました。
　そういえば、抹茶のアイスクリームって日本ではふつうですが、外国の人はお茶がアイスクリームになるっておどろいていました。

世界の人々の暮らしから

香檳烏龍茶は特別なお茶で、先のほうを少しだけつむから、機械は使えない。人間の手でつむ。台湾の新竹県。

中国式のお茶のいれ方。このようにして、お茶を楽しむ。

世界中の多くの場所で、お茶は愛されている。イランの遊牧民のところでも、訪ねるとまず、お茶を出してくれる。

ミントティー。ミントと砂糖だけ、というものもあれば、お茶とミント、それに砂糖というところも。写真はモロッコのもの。

調べてみよう!!

●世界中にはいろいろな飲みものがあります。どんなものがあるか、調べてみましょう。

中国やその近くの遊牧民のところではバター茶や、チーズをとった残りでお茶をいれたりもする。写真はモンゴル。

ちょっと ひといき……

南米、ウルグアイ、モンテビデオ
の八百屋さん。
きれいに並べられた野菜やくだものは
どこから来たもの？

2章 どこで何を食べていたのか？

　世界中の様々な食を見てきましたが、今度は、世界地図の上で、どこで何を食べていたのかを見ていきましょう。
　地図にあるのは15世紀。
　コロンブスがアメリカに行く前に、どこで何を食べていたかの地図です。
　コロンブスの後、もともと新大陸＝アメリカ大陸にしかなかったジャガイモやトウモロコシ、あるいはトマト、トウガラシがアジアやヨーロッパ（旧大陸といいます）にも広まったり、あるいは逆に旧大陸にしかなかった小麦やウシ、ヒツジが新大陸に持ち込まれて、そこで育てたりするように大きく変化しました。
　その前の、もともとの食の姿を15世紀の地図で見てみたいのです。それからの変化を考えてみましょう。

主食の穀物は何だったのか？
米と麦などの地図

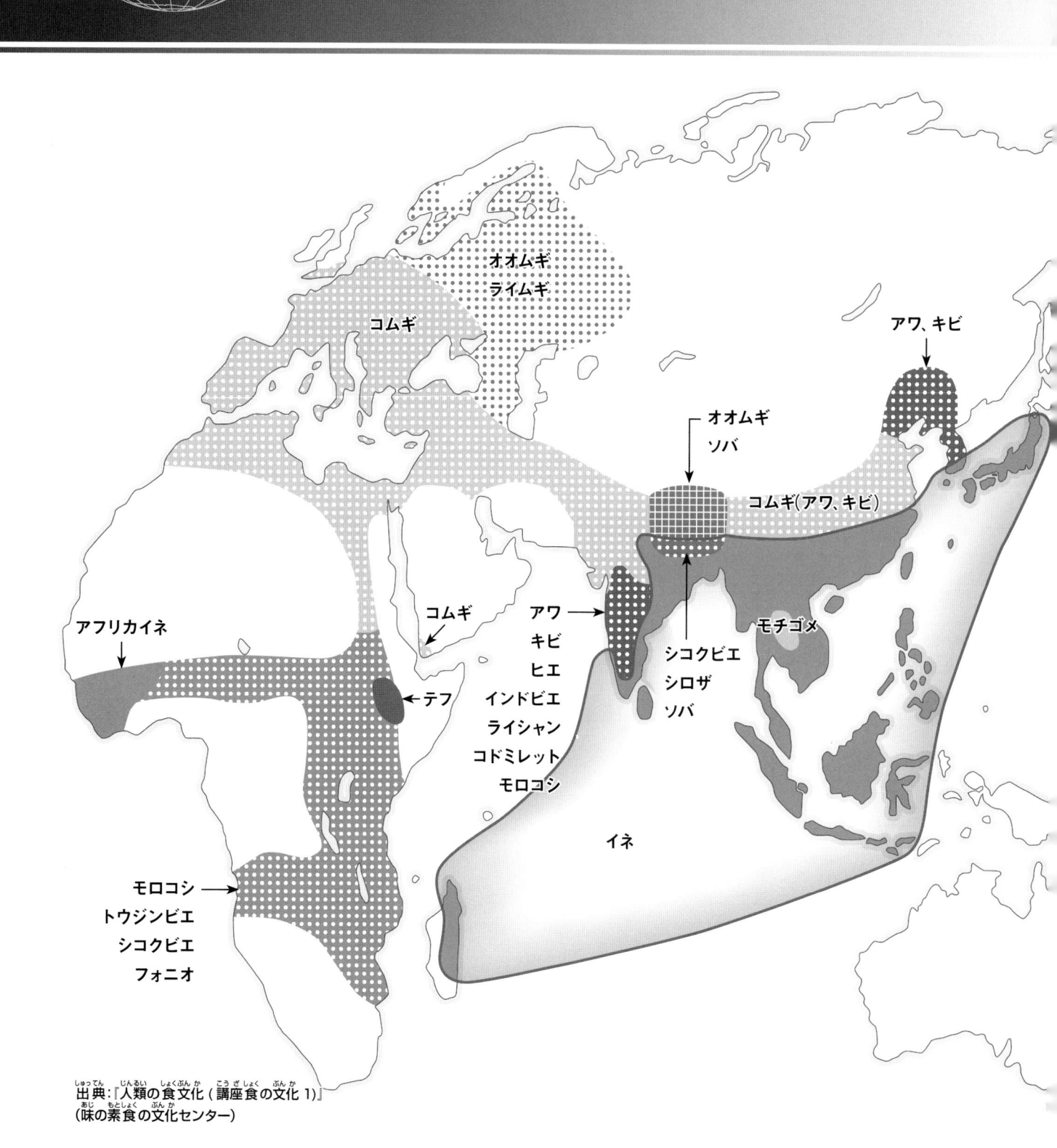

オオムギ
ライムギ

コムギ

アワ、キビ

オオムギ
ソバ

コムギ(アワ、キビ)

アフリカイネ

コムギ

アワ
キビ
ヒエ
インドビエ
ライシャン
コドミレット
モロコシ

シコクビエ
シロザ
ソバ

モチゴメ

テフ

イネ

モロコシ
トウジンビエ
シコクビエ
フォニオ

出典:『人類の食文化（講座食の文化 1）』
（味の素食の文化センター）

どこで何を食べていたのか？

アジアに大きく、イネを育て、米を食べている地域が広がっているのがわかりますね。その中に、ぽつんとあるのが、ラオスなどのモチ米を食べているところ。

そして、その北に広がっているのがコムギ。そして、オオムギやソバ、アワ、キビなどの雑穀を食べているところ。

コムギも東アジアでは麺やギョウザになり、あるいはインドあたりではナンなどに。そして、ヨーロッパではパンを食べていたということです。

アフリカで作られているのは、雑穀など。おかゆのようにして食べることが多いようです。

アメリカ大陸で大事なものはトウモロコシ。22ページで見たような料理が、このころから作られていたということなのです。

- ワウソンテエル
- キノア
- トウモロコシ
- センニンコク類
- キングア

これも主食として食べられていた
その他の穀物とイモなどの広がりは？

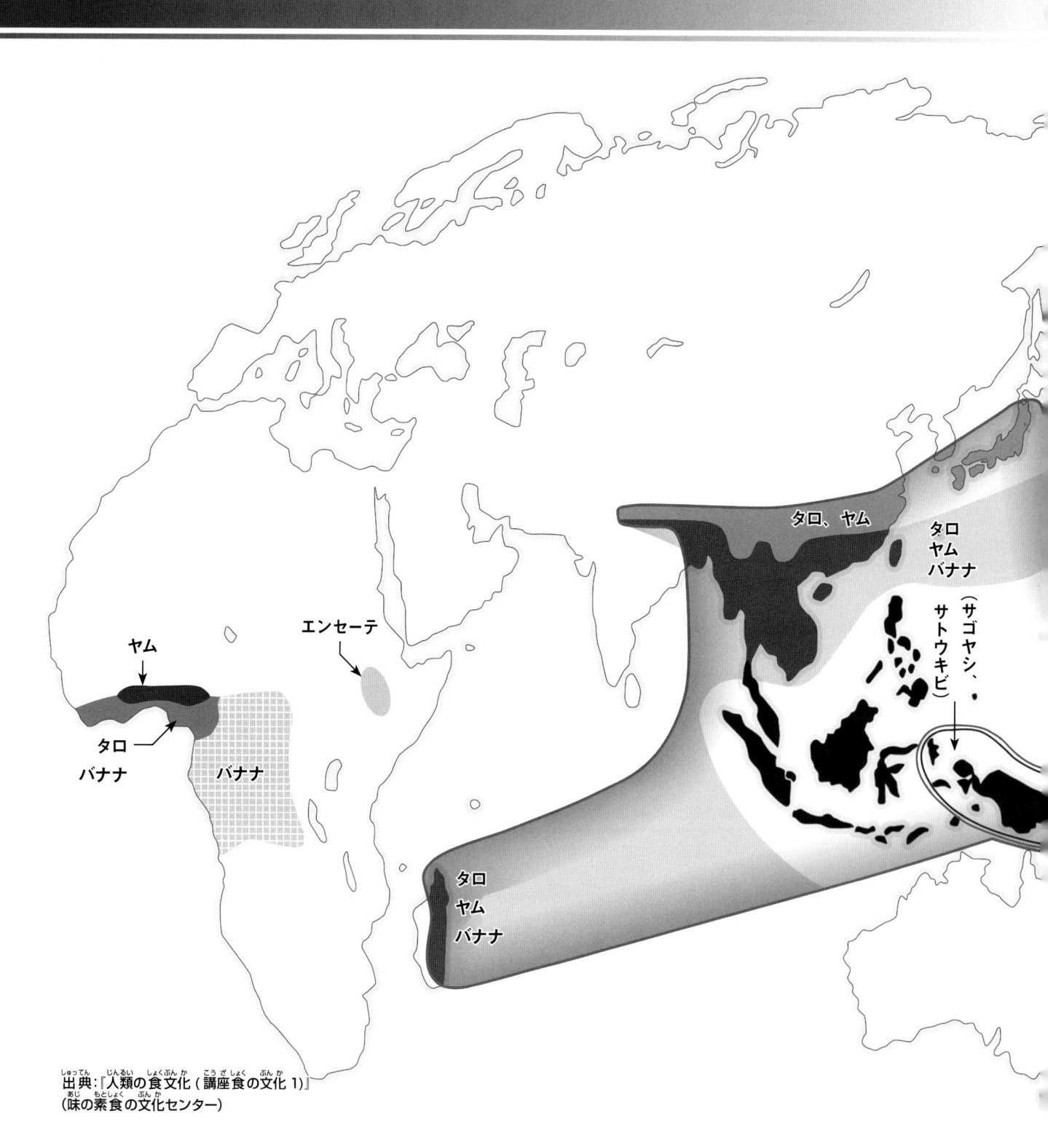

ヤム
タロ
バナナ
バナナ
エンセーテ
タロ、ヤム
タロ
ヤム
バナナ
（サゴヤシ、サトウキビ）
タロ
ヤム
バナナ

出典：『人類の食文化（講座食の文化 1）』
（味の素食の文化センター）

どこで何を食べていたのか？

アジアから太平洋に広く育てられていたのが、ヤムとタロ。ヤムはヤマイモの仲間。タロはサトイモの仲間です。それから、バナナも広く食べられていることがわかります。

南アメリカではジャガイモ、サツマイモといったイモが栽培されていました。マニオックはキャッサバともいい、日本ではあまりなじみはないのですが、世界中で広く栽培されるようになっているイモです。

イネやムギ、そして雑穀とこれらのイモ類やバナナなどが主食として食べられてきたということです。

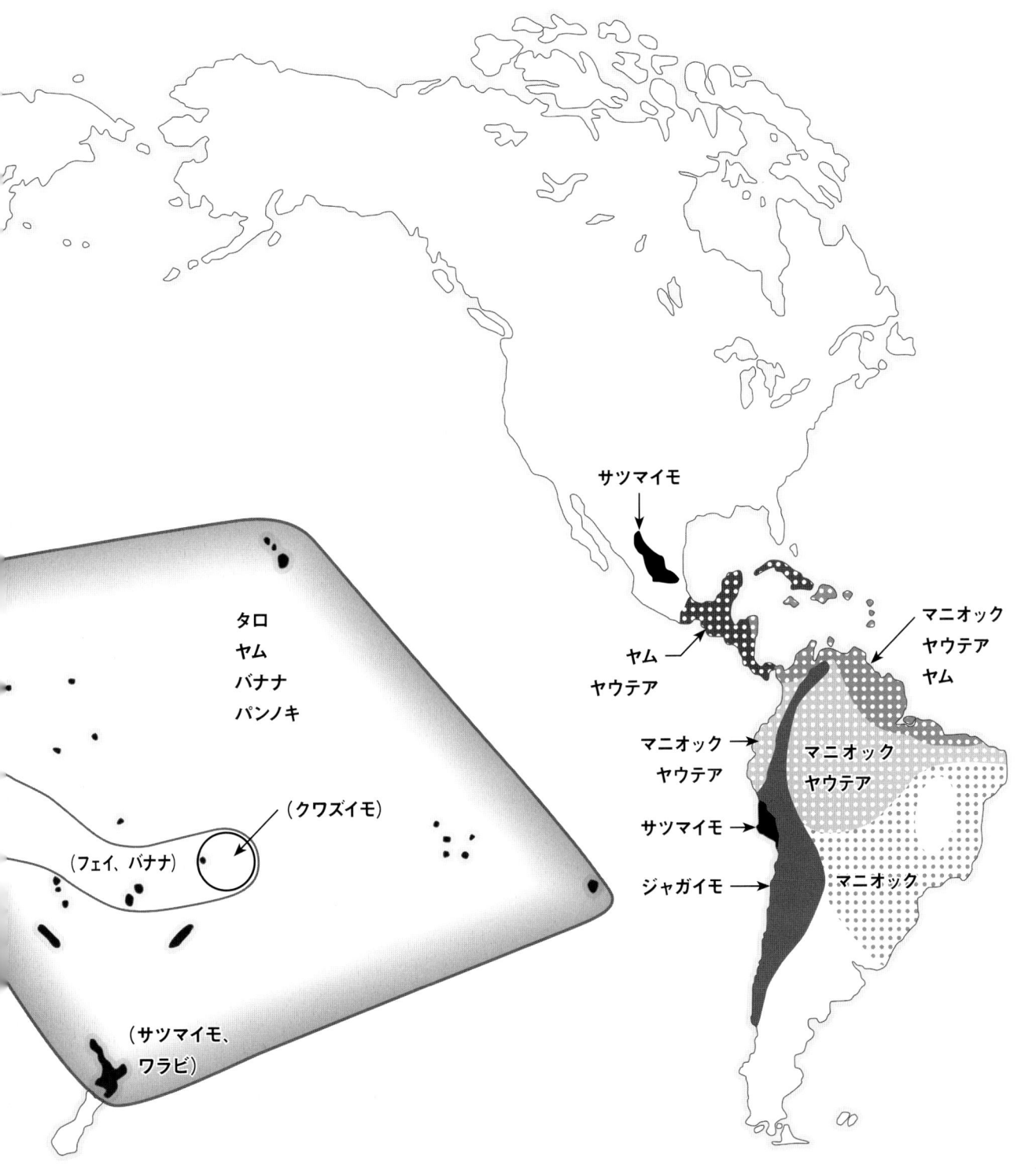

どんな動物を飼っていたのか？
家畜と乳しぼりの文化

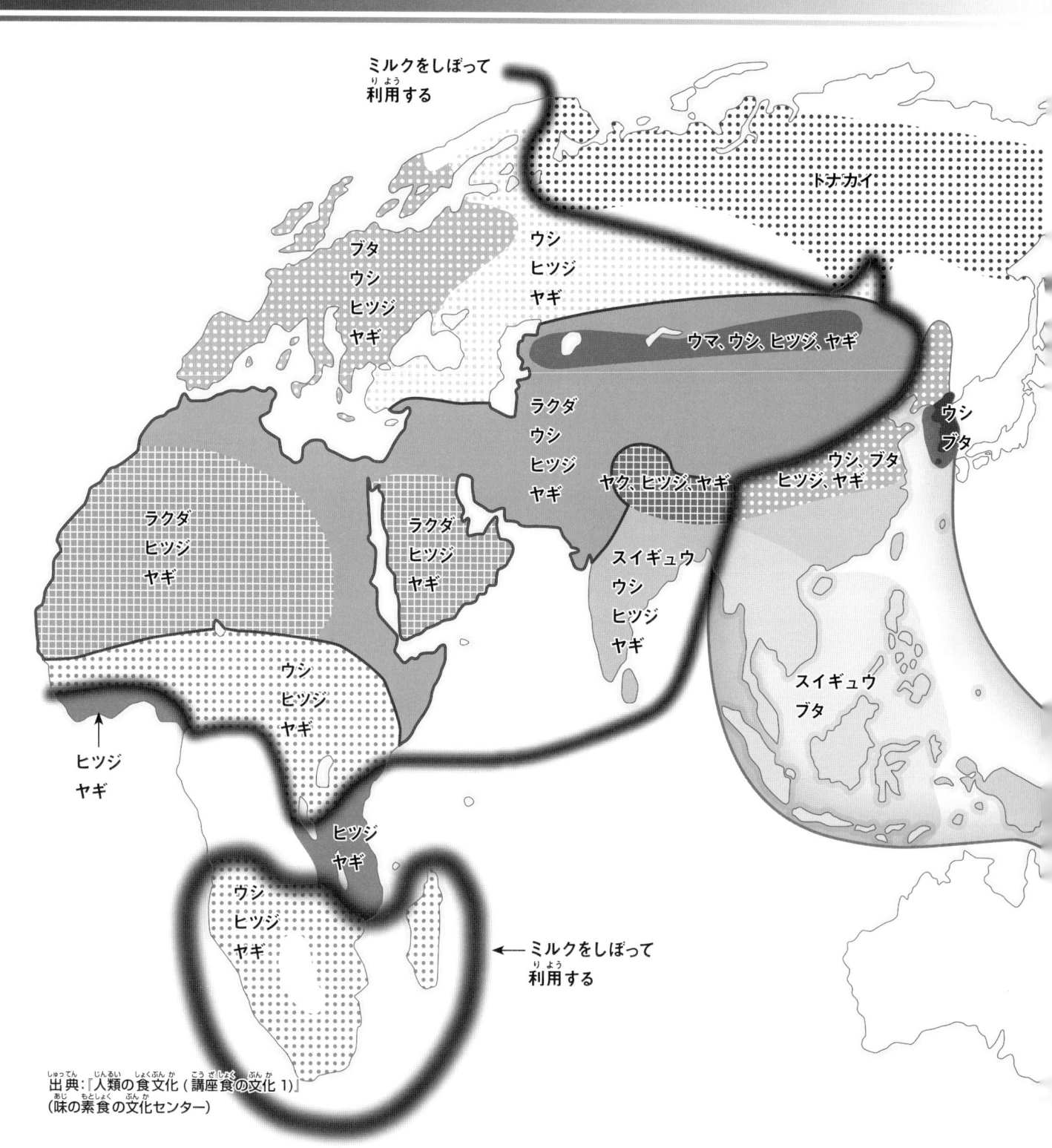

ミルクをしぼって利用する

トナカイ

ブタ
ウシ
ヒツジ
ヤギ

ウシ
ヒツジ
ヤギ

ウマ、ウシ、ヒツジ、ヤギ

ラクダ
ウシ
ヒツジ
ヤギ

ウシ
ブタ

ラクダ
ヒツジ
ヤギ

ラクダ
ヒツジ
ヤギ

ヤク、ヒツジ、ヤギ

ヒツジ、ヤギ

ウシ、ブタ

スイギュウ
ウシ
ヒツジ
ヤギ

ウシ
ヒツジ
ヤギ

ヒツジ
ヤギ

スイギュウ
ブタ

ヒツジ
ヤギ

ウシ
ヒツジ
ヤギ

← ミルクをしぼって利用する

出典：『人類の食文化（講座食の文化 1）』
（味の素食の文化センター）

どこで何を食べていたのか？

肉として食べられてきたもので、最も重要なのはニワトリをはじめとするトリです。が、全体に広く分布するので、この地図にはのせていません。

その次に重要なのはヒツジとヤギ、そしてウシです。スイギュウやヤクもウシの仲間です。

インドのあたりにある線で分かれるのが、ミルクをしぼって利用するかどうか。東南アジアや中国、そして日本などではウシなどのミルクを利用していなかったということです。それよりも、西のアジアやヨーロッパ、アフリカではミルクを利用してきたということです。

ブタは太平洋から東南アジア、東アジア、そしてヨーロッパで重要な食べものです。その間のインドから中東でも昔は飼っていたこともあるようですが、宗教的理由で食べなくなったというものです。

アメリカ大陸ではもともと、南米でリャマやアルパカが飼われていたくらいでした。

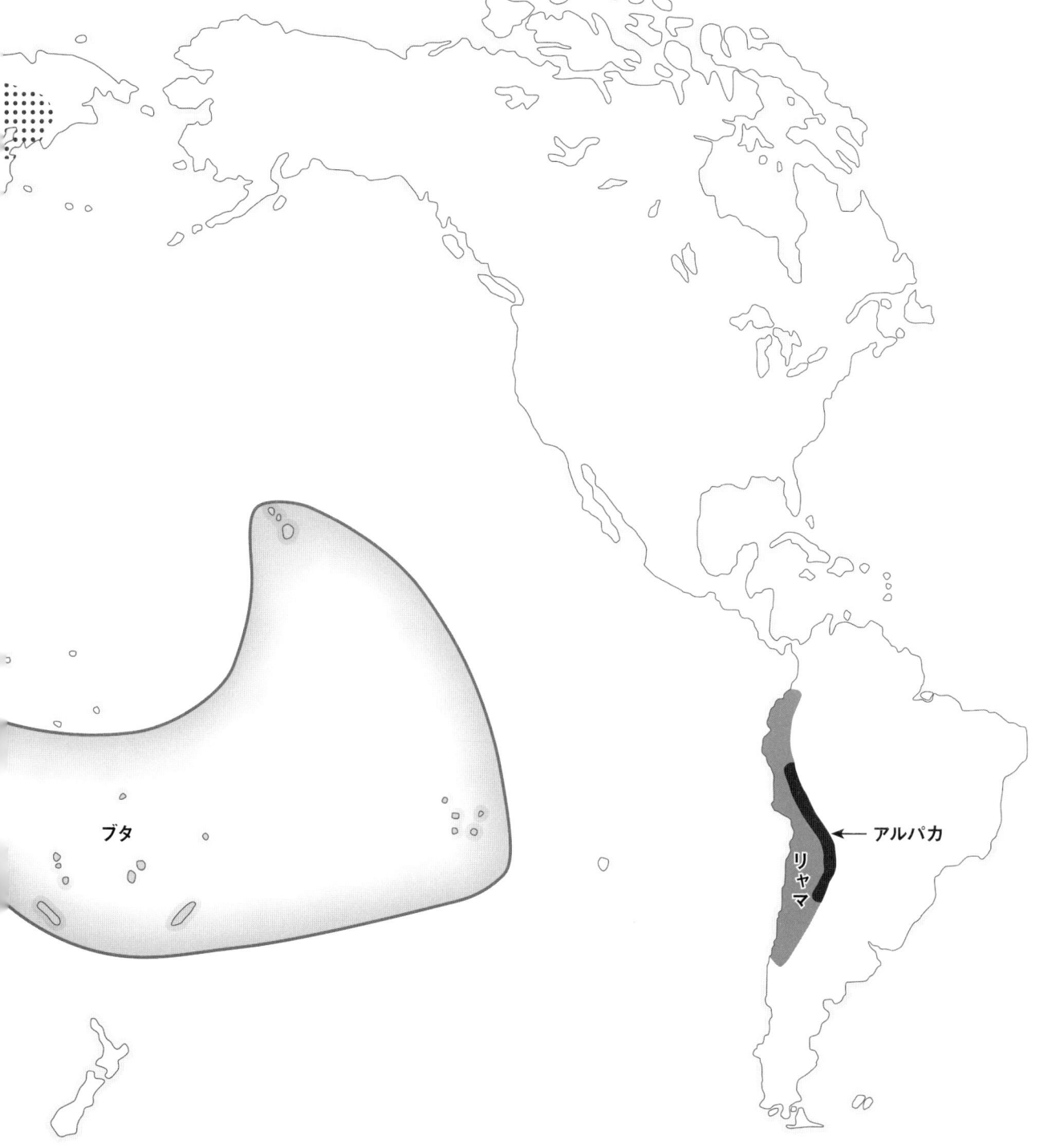

ブタ

アルパカ
リャマ

調味料の文化圏

どんなもので味をつけていた？

ヨーロッパ・ハーブ・スパイス圏

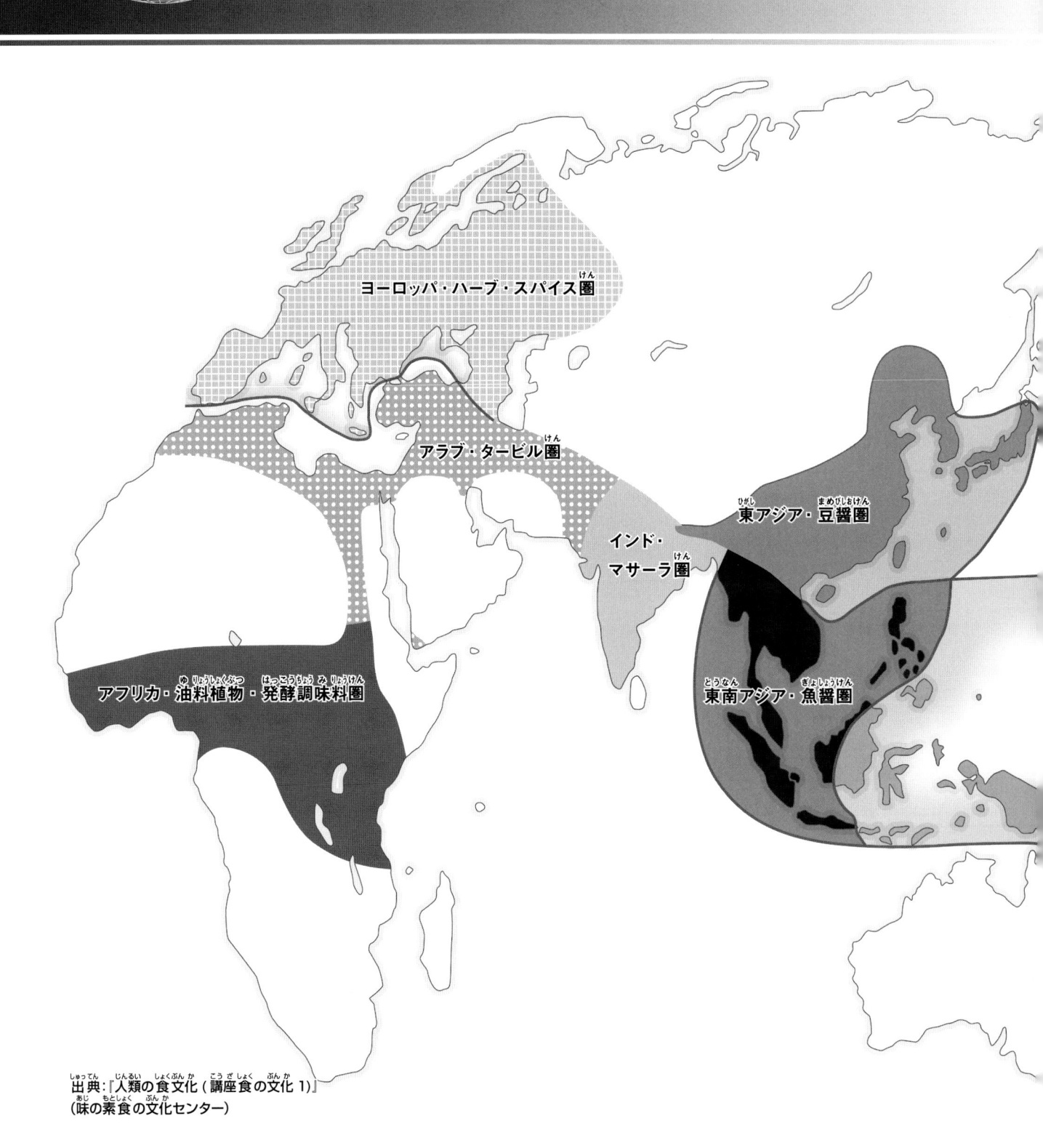

アラブ・タービル圏

インド・マサーラ圏

東アジア・豆醤圏

アフリカ・油料植物・発酵調味料圏

東南アジア・魚醤圏

出典:『人類の食文化（講座食の文化 1）』
（味の素食の文化センター）

72

どこで何を食べていたのか？

　アメリカ大陸ではトウガラシとトマトがもともとあって、栽培され、料理に使われていました。これらはコロンブスよりも後に、ヨーロッパやアジアに広まったということです。
　太平洋から、東南アジアにかけては、ココナツミルクが使われ、インド・マサーラ圏というのはスパイスをいっぱい使うところで、東南アジアでも同じように使われています。
　また、東南アジアは魚のしょう油のような（シオカラ）調味料が古くから使われていたところです。
　中国から日本にかけては豆醤、つまり味噌やしょう油などが使われていました。
　中東から北アフリカにかけてのタービル圏は、インドのそれとはまたちがうスパイスの世界。ヨーロッパも特にハーブ、それにスパイスを使うところ。アフリカはアブラヤシやタマリンドなど。
　つまり、穀物と肉や魚とこれらの調味料で味付けしたものを食べてきたということです。

太平洋・ココヤシ圏

アメリカ・トウガラシ・トマト圏

動物から？ 植物から？ 油はどこから？
油脂の文化圏

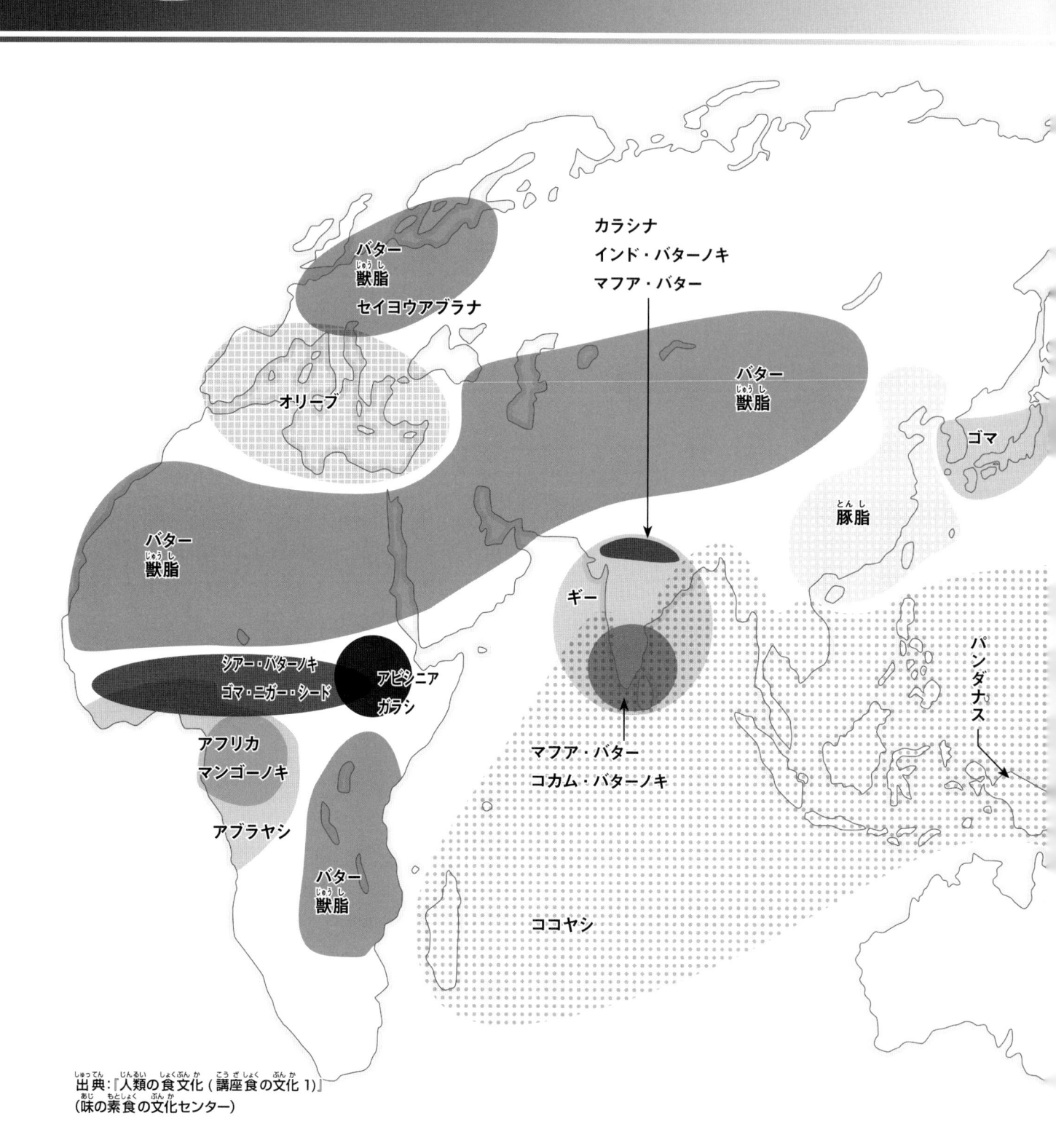

バター
獣脂
セイヨウアブラナ

カラシナ
インド・バターノキ
マフア・バター

オリーブ

バター
獣脂

バター
獣脂

ゴマ

豚脂

ギー

シアー・バターノキ
ゴマ・ニガー・シード

アビシニア
ガラシ

アフリカ
マンゴーノキ

マフア・バター
コカム・バターノキ

アブラヤシ

バター
獣脂

パンダナス

ココヤシ

出典：『人類の食文化（講座食の文化 1）』
（味の素食の文化センター）

74

どこで何を食べていたのか？

日本では昔、油を使うことが非常に少なく、ゴマをしぼったゴマ油など少し使うくらいでした。ほとんど油を使っていなかった（炒め物や揚げ物がなかった）というくらい。

おとなりの中国ではブタの脂がよく用いられ、南太平洋から東南アジアにかけては、調味料としても見たココナツミルク。インドはギーというミルクから作るバターの上ずみのようなものが使われてきました。

そして、中央アジアからアフリカ、ヨーロッパにかけて広く、バターを使うところが。その間にある地中海の一帯ではオリーブという木の実をしぼったオリーブ油が使われてきました。

魚油
海獣脂

ココヤシ

バターナッツノキ

南米アブラヤシ

あとがき
いろいろな地域でいろいろな食文化がある

さて。

というわけで、世界中で食べているものを、食べているヒトたちを見てきました。

ヒトはなぜ、食べるのでしょう。

ヒトは何を、食べるのでしょう。

みなさんは、何を考えたでしょう。どう思ったでしょうか。

ヒトは食べないと、生きていけない。大きくなれない。だから、何かを食べる。

でも、それだけではないようです。

おいしいから、これを食べる。

楽しいから、だれかと食べる。

昔から食べているものを食べる。

新しい、めずらしいものを食べる。

人間は世界中で、これまでたくわえてきた生きる上での知恵を、伝えてきました。それを、文化と言います。食も文化なのです。

だから、場所によって、環境によって、ちがうものを作り上げてきたのです。ちがう食の文化があるのです。

いろいろなものがあるから、楽しい。そう思いませんか。きみたちに、いろいろなものを食べ、ちがう文化に触れながら、自分たちの文化とは、食べているものとはと考えてほしいと思って、この本を作りました。楽しんでくれたら、うれしいです。

77

50音順 さくいん
おんじゅん

あ

- アボカド················46,57
- アワ···················66,67
- アワビ····················54
- アンチョビ··············42,43
- イギリスパン················18
- イシリ····················44
- 稲（いね）···········62,66,67,69
- イモ··············24,26,68,69
- イワシ················42〜45
- インディカ············10〜13
- ウシ···········30〜32,36,52, 65,70,71
- ウドン·················15,16
- ウナギ··················46,47
- ウニ···················48,49
- ウマ··············30,31,38,70
- 梅干し（うめぼし）············40
- うるち米（まい）·············12
- ウンカ····················62
- エビ···················38,47
- オーノカウスエ··············7
- オオムギ················66,67
- お菓子（かし）·····13,28,58〜61
- オリーブ················74,75
- オリーブ油（ゆ）·········42,43,75
- オリエンタルビューティー······62

か

- カオ・ラーム················13
- カオマンカイ·················9
- カカオ·····················56
- カキ···················48,49
- 家畜（かちく）·············32,70
- カツオブシ··············50,51
- カニ···················46,49
- カレー···············7,20,46, 50〜53,58
- ガンモドキ··················54
- ギー···················74,75
- ギターラ················16,17
- キビ···················66,67
- キムチ·················40,41
- キャッサバ··················69
- ギョウザ···············8,14,15, 32,67
- くだもの··············29,60,64
- クッキー················32,60
- クリームチーズ···············32
- グルテン·················16,54
- 燻製（くんせい）···········25,50
- ゲル···················30,33
- ゴイクオン···················9
- 香辛料（こうしんりょう）······50
- 香草（こうそう）·············49
- 酵母（こうぼ）···············20
- 穀物（こくもつ）·········66,68,73
- ココア·····················56
- ココナツミルク·······13,58〜60, 73,75
- ココヤシ··············58,59,74,75
- 五畜（ごちく）···············30
- ゴマ················57,74,75
- ゴマ油（あぶら）·············75

- 小麦（こむぎ）··········14〜16,22, 54,65〜67
- 小麦粉（こむぎこ）·······8,14〜17, 20,22,32,60
- 米（こめ）············8〜15,20,22, 24,58,66,67
- コロンブス············22,65,73

さ

- サゴ······················25
- サゴヤシ·················24,68
- 刺身（さしみ）·············38,48
- 雑穀（ざっこく）············67,69
- サツマイモ···············27,69
- サトイモ·················26,69
- 砂糖（さとう）········56,58,60,62,63
- サトウキビ··················68
- サバ···················18,19
- サバサンド··················18
- サンドイッチ···············14,18
- シイタケ····················54
- シオカラ··············42〜44,73
- 塩漬け（しおづけ）········42,43,45
- ジャガイモ············47,52,65,69
- ジャポニカ············10〜12
- 香檳烏龍（シャンピンウーロン）····62,63
- 精進料理（しょうじんりょうり）···54,55
- しょう油（ゆ）············44,73
- 食パン（しょくパン）·········18
- ショッツル··················44
- シルクロード················40
- 酢（す）·················40,42
- スープ···················7,57
- 寿司（すし）·······7,12,42,43,46〜49
- ステーキ·················36,47
- スナック·················23,52
- スパイス············50,51,53,72,73

スパゲティ……………………… 46
セビーチェ……………………… 49
総菜（そうざい）……………………… 45,55
ソース……………………… 56,57
ソーセージ……………………… 36
素食（そしょく）……………………… 54,55
ソバ……………………… 15,66,67

た

大豆（だいず）……………………… 44
タコス……………………… 22,23
タコヤキ……………………… 58,59
卵（たまご）……………………… 54,58
タロ……………………… 68,69
タロイモ……………………… 26
タンドール……………………… 21
短粒種（たんりゅうしゅ）……………………… 10
チーズ……………… 21,23,28,33,
　　　　　　　　52,53,63
茶（ちゃ）……………… 21,32,33,62,63
チャジョー……………………… 9
調味料（ちょうみりょう）…… 44,45,72,73,75
長粒種（ちょうりゅうしゅ）……………………… 10
チョコレート……………………… 56
チリソース……………………… 46
漬けもの（つけもの）……………………… 40,41
デーツ……………………… 28,29
テンプラ……………………… 26,46,47
デンプン……………………… 24,25
トウガラシ……………… 41,46,53,
　　　　　　　　57,65,73
豆腐（とうふ）……………………… 44,54
東方美人（とうほうびじん）……………………… 62
トウモロコシ…… 22,23,27,65,67
毒（どく）……………………… 24,25
ドネルケバブ……………………… 18,19
トマト……………………… 65,73

鶏肉（とりにく）……………………… 36,54
トルティーヤ……………………… 22,23

な

内臓（ないぞう）……………………… 34～37
ナッツ……………………… 60
ナツメヤシ……………………… 28
ナムプラ……………………… 44
奈良漬け（ならづけ）……………………… 40
ナレズシ……………………… 42,43
ナン……………………… 18,20～22,67
肉マン（にくまん）……………………… 14
乳酸菌（にゅうさんきん）……………………… 32
ニョクマム……………………… 44,45

は

ハーブ……………………… 18,72,73
バイカパオ……………………… 9
バゲット……………………… 18
パスタ……………………… 7,8,16,17
バター……………… 21,33,62,63,74,75
発酵（はっこう）……………………… 20,42,44,72
パッタイ……………………… 9
花色ギョウザ（はないろ）……………………… 15
バナナ……………………… 10,11,26,68,69
パニール……………………… 53
春巻き（はるまき）……………………… 8,9
パン……………………… 8,16～22,33,41,67
ピクルス……………………… 40,41
ヒツジ……………… 18,19,30～32,34,
　　　　　　　　35,65,70,71
フォー……………………… 8,9
フジツボ……………………… 49
ブタ……………………… 70,71,75
フナズシ……………………… 42
プラ・ソーム……………………… 43

フランスパン……………………… 18
ブリート……………………… 22
ベジタリアン……………………… 52,53
干し肉（ほしにく）……………………… 34
保存食（品）（ほぞんしょくひん）…… 32,33,41～43

ま

マニオック……………………… 69
まんじゅう……………………… 16,32
マントウ……………………… 14,15
味噌（みそ）……………………… 44,73
ミルク……………… 30～33,58,59,
　　　　　　　　62,70,71,75
ミント……………………… 62,63
麺（めん）……………… 7～9,14～17,32,67
モチ米（ごめ）……………………… 12,13,66,67
モルディブフィッシュ…… 50,51
モンリンマヤー……………………… 58

や

ヤギ……………………… 30,31,70,71
ヤシ……………………… 24,28
ヤマイモ……………………… 26,69
ヤム……………………… 68,69
ヤムイモ……………………… 26,27
遊牧民（ゆうぼくみん）…… 18,21,31,35,63
湯葉（ゆば）……………………… 54
ヨーグルト……………………… 32,33,52

ら

ラーメン……………………… 7～9,16
ラクダ……………………… 30,31,70
レモン……………………… 7,48,49

■**著者紹介**

森枝 卓士（もりえだ たかし）
1955年熊本県生まれ。高校生の時、アメリカの著名な写真家 W・ユージン・スミスと知り合い、写真家を志す。1978年国際基督教大学（ICU）卒業（文化人類学専攻）。以来、写真家、ジャーナリストとして世界各地に取材。食文化についての写真、レポートを新聞、雑誌に発表。早稲田大学、札幌大学などで食文化論を講じる。著書に『食べてはいけない！』（白水社）、『新・食文化入門』（弘文堂、編著）、『食べもの記』（福音館書店）、『カレーライスと日本人』（講談社現代新書）など多数。

●編集・構成 / クリエイティブ・スイート
●DTP / 福井直行
●本文デザイン / 井上祥邦

みんな、何を食べている？
世界の食事おもしろ図鑑
食べて、歩いて、見た食文化

2009年2月18日　第1版第1刷発行
2020年3月3日　第1版第3刷発行

著者 / 森枝 卓士
編集・構成 / クリエイティブ・スイート
発行者 / 後藤淳一
発行所 / 株式会社PHP研究所
　　東京本部　〒135-8137 江東区豊洲5-6-52
　　児童書出版部　☎ 03-3520-9635（編集）
　　　　普及部　☎ 03-3520-9630（販売）
　　京都本部　〒601-8411 京都市南区西九条北ノ内町11
　　PHP INTERFACE https://www.php.co.jp/
印刷所・製本所 / 図書印刷株式会社

© PHP Institute, Inc. 2009 Printed in Japan　　ISBN978-4-569-68767-4
※本書の無断複製（コピー・スキャン・デジタル化等）は著作権法で認められた場合を除き、禁じられています。また、本書を代行業者等に依頼してスキャンやデジタル化することは、いかなる場合でも認められておりません。
※落丁・乱丁本の場合は弊社制作管理部（☎ 03-3520-9626）へご連絡下さい。送料弊社負担にてお取り替えいたします。